高等职业教育新能源汽车类专业教材

XINNENGYUAN QICHE
YINGXIAO SHIWU

新能源汽车营销实务

莫舒玥　陈芳兰　罗海英　**主　编**
谢静怡　李林蔚　**副主编**

人民交通出版社股份有限公司
北　京

内 容 提 要

本书是高等职业教育新能源汽车类专业教材。全书包括6个项目、14个任务，主要介绍了新能源汽车销售岗位认知、客户接待和需求分析、车辆展示、协商成交签订合同、新车交付、客户跟进。

本书可作为职业院校新能源汽车技术、新能源汽车检测与维修技术、汽车技术服务与营销等专业的教学用书，也可作为新能源汽车营销人员的培训教材。

图书在版编目(CIP)数据

新能源汽车营销实务/莫舒玥,陈芳兰,罗海英主编.—北京：人民交通出版社股份有限公司,2023.11
ISBN 978-7-114-19035-3

Ⅰ.①新… Ⅱ.①莫… ②陈… ③罗… Ⅲ.①新能源—汽车—市场营销学 Ⅳ.①F766

中国国家版本馆 CIP 数据核字(2023)第 201546 号

书　　名：新能源汽车营销实务
著 作 者：莫舒玥　陈芳兰　罗海英
责任编辑：张一梅
责任校对：孙国靖　宋佳时
责任印制：张　凯
出版发行：人民交通出版社股份有限公司
地　　址：(100011)北京市朝阳区安定门外外馆斜街 3 号
网　　址：http://www.ccpcl.com.cn
销售电话：(010)59757973
总 经 销：人民交通出版社股份有限公司发行部
经　　销：各地新华书店
印　　刷：北京市密东印刷有限公司
开　　本：787×1092　1/16
印　　张：10.75
字　　数：243 千
版　　次：2023 年 11 月　第 1 版
印　　次：2023 年 11 月　第 1 次印刷
书　　号：ISBN 978-7-114-19035-3
定　　价：35.00 元

(有印刷、装订质量问题的图书，由本公司负责调换)

Preface 前言

为贯彻落实《交通强国建设纲要》相关领域的目标任务,根据《交通运输部关于开展交通强国建设试点工作的通知》(交规划函〔2019〕859号),经交通运输部批复,人民交通出版传媒管理有限公司主持开展"交通职业教育核心课程教学资源优化"交通强国建设试点任务。"交通职业教育核心课程教学资源优化"旨在贯彻落实《交通强国建设纲要》精神和国家职业教育教学改革精神,深化产教融合,整合人民交通出版传媒管理有限公司和相关院校既有优势,遴选建成一批更加适应现代交通职业教育教学需求、体现行业发展和时代特点的高质量创新性教材和数字化教学资源,助力构建高质量教育体系,为培养素质优良的知识型、技能型、创新型劳动者提供坚实的支撑。

本套高等职业院校新能源汽车技术专业新形态教材为遴选后的优质教材,聚焦核心课程,贯彻国家职业教育教学改革精神,深化产教融合、校企合作,体现课程思政,融通"岗课赛证",以真实生产项目、典型工作任务、案例等为载体组织教学单元,教学设计完整、恰当,内容深入浅出、图文并茂,为纸数融合的新形态教材。

《新能源汽车营销实务》一书以比亚迪、哪吒、理想等新能源汽车主流品牌车型为例进行编写,具有以下特点:

(1)作者通过大量实地走访,深入职业院校的教学一线和新能源汽车4S店、城市展厅等工作场景,获得大量的品牌销售培训素材和实战案例,同时充分听取行业专家意见,融入新能源汽车销售岗位的新技术、新方法,使教材内容与教学标准紧密衔接,反映典型新能源汽车岗位(群)职业能力要求。

(2)选取新能源汽车营销职业技能比赛的内容作为典型案例,实现"岗课赛证"融通。

(3)以岗位职业能力培养为导向和目标,精心设计工作任务,精简理论知识,甄选典型案例,通过大量的销售案例生动形象地讲授相关知识点和技能点,可有效降低教师授课难度,提升学生自学兴趣。每个工作任务还可通过典型任务工单的实施与评价,科学衡量学习效果。

(4)采用"互联网+职业教育"思维创新模式,配设典型案例和销售流程视频资源,以二维码链接形式呈现,随扫随学,有利于学生直观深入理解知识点。同时配套电子课件,可以实现线上线下相结合的教材新模式,便于学生自主学习。

（5）深入贯彻落实党的二十大精神，紧紧围绕立德树人根本任务，针对新能源汽车销售人员这一岗位特点，融入思政案例，通过案例分析培养学生的职业道德、职业素养，帮助学生树立正确的世界观、人生观和价值观。

本书由广西交通职业技术学院莫舒玥、陈芳兰、罗海英任主编，广西理工职业技术学院谢静怡、广西机电工程学校李林蔚任副主编。参与本书编写的还有广西交通职业技术学院的陈少丽、林海燕，广西理工职业技术学校的杨艳芳、侯捷，广西纺织工业学校的刘佩，北京森普众合咨询有限公司的柴伟，广西商贸高级技工学校的邓秋雅以及广西机电工程学校的雷冰等。

在本书编写的过程中，作者对比亚迪、哪吒、理想等新能源汽车品牌的销售岗位职业能力进行了充分调研，按照岗位知识要求、技能要求、素养（思政）要求的逻辑进行编写，力求使职业教育与岗位需求有机结合。全书针对销售流程中新能源汽车的性能特点、驱动方式、充电方式、购买方式、交付方式和售后服务方式与传统汽车品牌的区别进行了说明。作者收集了以上新能源汽车企业的相关资料，并引用了一些文献的内容，在此向这些企业及文献的作者表示衷心感谢。

由于作者水平有限，书中难免有疏漏与不当之处，恳请广大读者批评指正，以便不断提高教材质量。

作　者

2023 年 9 月

Contents 目录

项目一 新能源汽车销售岗位认知 ··· 1
 任务1 新能源汽车发展趋势认知 ··· 1
 任务2 新能源汽车销售职业能力认知 ······································· 7

项目二 客户接待和需求分析 ·· 14
 任务1 客户来电接待 ·· 14
 任务2 客户来店接待 ·· 24
 任务3 需求分析 ··· 33

项目三 车辆展示 ·· 44
 任务1 静态展示 ··· 44
 任务2 试乘试驾 ··· 59

项目四 协商成交签订合同 ·· 75
 任务1 新能源汽车购车方案推介 ··· 75
 任务2 价格协商 ··· 93
 任务3 购车合同签订 ·· 96

项目五 新车交付 ·· 101
 任务1 新车交付准备工作 ··· 101
 任务2 办理新车交付手续 ··· 107

项目六 客户跟进 ·· 116
 任务1 未成交客户跟进 ··· 117
 任务2 成交客户跟进 ·· 125

任务工单 ·· 133

参考文献 ·· 165

项目一 新能源汽车销售岗位认知

任务要求

▶ **知识目标**

1. 了解新能源汽车技术的发展趋势、面临的主要挑战。
2. 了解新能源汽车市场的竞争情况、消费者需求和购车心理等方面的知识。
3. 了解新能源汽车销售模式及其优缺点以及销售模式的发展情况。

▶ **技能目标**

1. 能够做好新入职新能源汽车销售人员的职业生涯规划。
2. 能够掌握新能源汽车的发展趋势与分析市场变化。

▶ **素养目标**

1. 坚持党的二十大报告提出的加快建设交通强国的使命担当。
2. 坚持尊重劳动、尊重知识、尊重人才、尊重创造,引导学生爱党报国、敬业奉献、服务人民。
3. 通过任务协同合作,培养团队合作、敬业奉献、服务人民的精神,培养学生时间管理、自主学习能力和职业生涯规划能力。

建议学时:4课时

任务1 新能源汽车发展趋势认知

任务描述

作为一名新能源汽车销售顾问,了解新能源汽车技术发展的现状和趋势,掌握新能源汽车技术知识,满足新能源汽车销售人员从业要求,使自己不断成长为一名合格的新能源汽车销售人员。

一、知识准备

(一) 新能源汽车发展趋势

1. 新能源汽车的基本概述

党的二十大报告指出:"建设现代化产业体系。坚持把发展经济的着力点放在实体经济上,推进新型工业化,加快建设制造强国、质量强国、航天强国、交通强国、网络强国、数字中国。"目前,我国的新能源汽车产业发展既有速度,也有水平。在产业重构过程中,借势新能源汽车赛道,我国已正式踏上汽车强国之路。党的二十大报告也指出了"加快发展方式绿色转型"。而新能源汽车作为汽车产业绿色转型的重要抓手,无疑会成为产业实现"双碳"目标的重要突破口。

新能源汽车是指采用新型能源和新型动力系统的汽车,如纯电动汽车、插电式混合动力电动汽车等。随着全球气候变化和人们环保意识的不断提高,新能源汽车作为一种清洁、低碳的交通工具,受到越来越多的关注。随着新能源汽车市场的不断壮大,新能源汽车技术快速发展,这在环保、能源安全、经济发展等方面具有重要意义。在我国,随着各类新能源汽车技术的迭代发展,比亚迪、蔚来、小鹏、理想、五菱新能源、广汽新能源等民族品牌犹如雨后春笋般拔地而起。

我国成为汽车强国的一个重要标志是国际化。这意味着新能源汽车产业必须走出国门,在世界范围内发展、壮大。有了技术的积累、创新以及先进的运营理念、生态建设作为支撑,我国新能源汽车扩大出口是必然趋势。特别是在产业转型的关键时期,我国车企更应该把握机遇,通过优质的产品和服务,赢得全球消费者的青睐,力争成为在国际上有竞争力的企业。

2. 新能源汽车技术发展趋势

1) 电动化趋势

电动汽车是新能源汽车的一种重要形式,其发展趋势是明显的。首先,新能源汽车的主要问题之一是电池技术。动力蓄电池是纯电动汽车的核心部件,动力蓄电池技术的不断革新是新能源汽车技术发展的关键。当前,锂离子蓄电池是主流的电动汽车动力源,但其能量密度、续驶里程、充电速度、寿命等方面仍有待提高。其中,固态电池、钠离子蓄电池、石墨烯电池等技术备受关注。这些新型电池技术不仅有望提高纯电动汽车的续驶里程和充电速度,而且具有更高的安全性和更长的使用寿命。电动汽车的电池技术将得到进一步的提高,包括动力蓄电池能量密度和充电速度的提高等。

其次,新能源汽车的电驱技术也将进一步发展。例如,电机的功率密度将不断提高,驱动系统的效率将得到进一步提升。电机是纯电动汽车的动力源,电机技术的不断提升也是新能源汽车技术发展的重点。目前,永磁同步电机是主流的电动汽车驱动电机,但其效率和功率密度等方面仍有待提高。因此,新型电机技术的研发成为当前新能源汽车技术发展的另一个重点。其中,感应电机、交流异步电机、永磁无刷直流电机等技术备受关注。这些新型电机技术不仅有望提高电动汽车的动力性能和效率,而且具有更小的体积和更轻的重量。

最后,智能技术也将成为电动汽车发展的重要方向。目前,车联网、自动驾驶、人工智能等智能技术已经开始应用到新能源汽车中。这些技术不仅可以提高新能源汽车的安全性和便利性,而且可以为用户提供更好的驾乘体验和更高级的配置。未来,随着智能化技术,如电动汽车的自动驾驶技术、智能充电技术等的不断发展,新能源汽车将会成为真正的智能移动终端,这将进一步提高电动汽车的使用便利性和普及度。

2)氢燃料电池技术趋势

氢燃料电池技术也是新能源汽车的重要形式之一,其发展趋势也比较明显。首先,氢燃料电池的能量密度将不断提高,从而可以提高新能源汽车的续驶里程。其次,氢燃料电池的成本将不断降低,这有助于提高氢燃料电池汽车的市场竞争力。最后,氢燃料电池的燃料配套设施也将逐渐完善,这有助于促进氢燃料电池汽车的普及。当前,我国的氢燃料电池技术发展已经取得了一定的进展。政府出台了一系列政策措施,为氢能产业的发展提供了有力的支持。一些企业已经开始生产氢燃料电池汽车和储能系统等产品,并在一些领域进行了商业化应用。同时,我国的高校和科研机构也在积极开展基础研究和技术创新,提高氢燃料电池技术的性能和可靠性。然而,与国际领先水平相比,我国氢燃料电池技术仍存在一定的差距,需要进一步加强技术创新和推动产业化进程,促进氢能产业的发展。

3)轻量化技术趋势

轻量化技术是新能源汽车技术发展的重要方向之一。纯电动汽车的续驶里程受到车身质量的影响,因此,轻量化技术的应用对于提高电动汽车的续驶里程具有重要意义。减轻车身的重量不仅有助于提高车辆的能源利用效率,提高电动汽车的续驶里程,提高车辆的安全性能,而且可以减少能源消耗和环境污染。当前,我国新能源汽车的轻量化技术趋势正在逐步加强。随着人们环保意识的不断增强和能源消耗管控的影响,越来越多的汽车制造商开始注重轻量化设计和技术的应用。在材料方面,采用高强度钢、铝合金等轻量化材料来替代传统的钢铁材料已成为一种主流趋势。同时,一些新型材料,如碳纤维复合材料也逐渐应用于新能源汽车的生产中。此外,智能化制造技术的应用也可以实现对车身结构的优化和轻量化设计。总之,轻量化技术已经成为新能源汽车发展的重要方向之一,未来将会有更多的创新技术和应用出现。

3. 新能源汽车技术发展驱动因素

1)政策推动

政策是新能源汽车技术发展的重要驱动因素之一。近年来,我国相继出台了一系列支持新能源汽车发展的政策,包括财政补贴、免费停车、路权优惠、充电设施建设和限购政策的调整等。政府加大了对新能源汽车产业的支持力度,通过多种方式鼓励和促进新能源汽车的发展,以应对环保和能源消耗等问题。同时,政府还在逐步调整限购政策,将新能源汽车纳入其中,以减少传统燃油汽车的使用量。这些政策的实施为新能源汽车产业的发展提供了有力保障,同时也为新能源汽车技术的发展提供了良好的政策环境。

2)能源需求和环保意识

全球气候变化和人们环保意识的不断加强,使得清洁能源的需求越来越旺盛。新能源汽车正是清洁能源在交通领域的应用之一,它的推广可以减少传统燃油车排放带来的环境污染问题。

3)技术创新

技术创新是新能源汽车技术发展的重要动力。新能源汽车技术的不断进步和创新,不仅可以提升新能源汽车的性能,还可以降低新能源汽车的成本。

4. 新能源汽车技术发展面临的挑战

1)电池技术

目前,新能源汽车的主要问题之一是电池技术。动力蓄电池的能量密度、充电速度、寿命、安全性等方面仍有待提高。此外,动力蓄电池的成本也是限制新能源汽车普及的重要因素之一。

2)充电设施

纯电动汽车的续驶里程和充电时间是消费者关注的重点,因此新能源汽车的充电设施建设也是新能源汽车技术发展面临的挑战之一。

目前,国家已经制定了一系列充电设施建设的政策和规划,包括加快充电站建设、鼓励企业投资建设充电桩等措施。但是,充电设施的建设不仅需要政府的投入,还需要行业企业等的积极参与。随着充电设施的不断完善,纯电动汽车的使用体验将会得到显著提升。此外,不同地区的充电设施建设也存在差异,这需要进行更为精准的规划和设计。

3)市场竞争

新能源汽车市场的竞争也是新能源汽车技术发展面临的挑战之一。传统燃油车仍然是主流,新能源汽车在市场竞争中需要面对多重挑战,包括成本、性能、品牌等方面。同时,新能源汽车的市场需求和发展前景也受到政策、经济、技术等多方面的影响,这也需要新能源汽车企业和政府部门进行深入分析和研究。目前,国家已经出台了一系列政策和措施来促进新能源汽车的发展,包括减免车购置税、免费领取车牌、建设充电设施等;一些企业也推出了一系列促销活动来提高新能源汽车的销量,就当前新能源汽车的普及率来看,仍有很大的发展空间。但是随着新能源汽车技术的不断发展和政策的不断推进,新能源汽车普及率的增加,新能源汽车市场的竞争将愈发激烈。

4)产业链完善

新能源汽车产业链的完善也是新能源汽车技术发展面临的挑战之一。新能源汽车产业链涉及多个环节,包括电池、电机、电控、车身结构等方面。目前,国内新能源汽车产业链还存在不少问题,比如关键零部件依赖进口、产业链协调不畅等。

总之,新能源汽车技术的发展是全球汽车产业的重要趋势之一,也是实现可持续发展的必然选择。新能源汽车技术的不断进步和创新,不仅可以促进清洁能源的应用和推广,还可以促进社会进步和经济发展。虽然新能源汽车技术发展面临着不少挑战,但随着各方面的积极参与和努力,相信新能源汽车技术的发展会迎来更加美好的未来。

(二)新能源汽车市场发展趋势

随着全球能源和环境问题日益突出,新能源汽车市场也逐渐得到了广泛关注和重视。

新能源汽车作为一种绿色、清洁、高效、节能的交通工具,具有众多优点,越来越受到消费者的青睐。

1. 市场规模快速增长

近年来,全球新能源汽车市场规模呈现快速增长的态势。电动汽车销量排名前三的依次为中国、欧洲、美国。国际能源署(IEA)相关数据显示,2022年,全球电动汽车销量首次突破1000万辆,电动汽车保有量达到2600万辆。2022年,全球电动汽车新车渗透率达到14%,远高于2020年、2021年的5%和9%。其中,中国是绝对领导者,占了全球电动汽车销量60%以上的份额。

新能源汽车市场规模的快速增长主要得益于多方面的因素,比如政策支持、技术进步、市场需求等。各国政府在推动新能源汽车发展方面采取了一系列的鼓励政策,比如减免购置税、免费停车等,这些政策的出台促进了新能源汽车市场的快速增长。同时,新能源汽车技术不断进步,性能和续驶里程得到了显著提升,这也吸引了越来越多的消费者选择新能源汽车。

2. 消费者需求多样化

随着消费者生活水平的提高和环保意识的增强,消费者对于新能源汽车的需求不断增加。特别是在一些大城市,新能源汽车已经成为消费升级的代表,成为越来越多消费者的选择。新能源汽车市场的快速发展,也带来了消费者需求的多样化。消费者对于新能源汽车的需求除了传统的环保、节能等方面外,还涉及车辆品质、安全性、智能化等方面的要求。因此,企业需要根据消费者需求的多样性,推出更多种类、更高品质的新能源汽车,以满足消费者的需求。

3. 新能源汽车市场竞争加剧

目前,新能源汽车市场上的品牌竞争愈发激烈,国内外新能源汽车品牌均在市场争夺中占据了一定的份额。国内新能源汽车品牌在技术不断提升的同时,也加大了宣传推广力度,从而提高了品牌知名度和美誉度。同时,国际新能源汽车品牌也在新能源汽车市场上积极发力,通过技术引领和品牌效应吸引消费者。随着新能源汽车市场规模的不断扩大,市场竞争也越来越激烈。除了传统的汽车制造企业外,越来越多的新能源汽车制造企业进入市场,加剧了新能源汽车市场竞争。在竞争激烈的市场环境下,企业需要通过技术创新、品牌建设等方面来提升自身竞争力,以获得市场份额。

4. 政策环境发生变化

新能源汽车市场发展受政策环境的影响较大,政策环境的变化也会对新能源汽车市场产生重要影响。我国政府始终高度重视新能源汽车的发展,制定了一系列扶持政策。政策的支持和鼓励能够促进新能源汽车市场的快速发展,如减免购置税、免费领取车牌、免费停车、充电设施建设等;政策的调整和变化也会带来不确定性,比如政策补贴的退坡,会导致新能源汽车价格上涨,对市场的发展产生负面影响;各级政府也加大了对新能源汽车的宣传和推广力度,使得消费者对新能源汽车的认知和接受度逐渐提高。

5. 智能技术不断应用

随着新能源汽车技术的不断升级,新能源汽车的续驶里程、充电速度等已经得到了显著提高,新能源汽车在性能、安全性、舒适性等方面与传统汽车已经不相上下,这也极大地提高了消费者对新能源汽车的认可度和购买欲望,促进了新能源汽车市场的快速发展。同时,随着人工智能、大数据、物联网等技术的快速发展,智能成为新能源汽车市场的新趋势。智能技术的应用能够提升新能源汽车的安全性、舒适性、便利性等方面的性能,如自动驾驶、智能互联、远程监控等。未来,智能技术的不断应用和创新,将为新能源汽车市场的发展带来更多的机遇和挑战。

6. 清洁能源比例提升

新能源汽车市场的发展受到能源结构调整的影响较大。随着全球能源结构的不断调整,清洁能源的比例不断提高,石油等传统能源的比例逐渐下降,这将为新能源汽车市场的发展提供有力支持。同时,随着清洁能源技术的不断提升,新能源汽车的使用成本也在逐渐降低,这也将促进新能源汽车市场的快速发展。

7. 产业链逐渐完善

新能源汽车产业链将逐渐完善,涵盖电池、电机、控制系统等多个领域,使新能源汽车生产成本得到有效控制。

综上所述,新能源汽车市场在未来仍然具有广阔的发展前景,随着技术和政策的不断升级和完善,市场规模将会不断扩大。不过,新能源汽车市场仍然面临一些挑战。例如,新能源汽车的价格仍然较高,部分消费者无法承受。同时,新能源汽车的续驶里程仍然有待提高,一些消费者对于新能源汽车的续驶能力存在疑虑。此外,目前新能源汽车的充电设施建设仍然存在不足,需要政府和企业加大投入。

二、任务实施

(一) 工作准备

(1) 场景准备:新能源汽车销售4S店、手机、固定电话、电脑(配套客户管理系统)、车型资料、纸笔等。

(2) 人员准备:销售顾问着正装。

(3) 电话及面访商务接待礼仪准备。

(二) 实施步骤

请根据本任务中的"知识准备",利用计算机、手机网络查询的方式完成以下工作内容。按照任务要求,小组分工收集资料,汇总资料,完成调查报告,并进行口头汇报由小组成员对汇报者进行评分。

(1) 了解新能源汽车的基本概念和发展历程,包括电动汽车、混合动力电动汽车、燃料电池汽车等。

(2) 了解新能源汽车技术发展趋势,包括电动化趋势、燃料电池技术发展趋势和轻量化技术发展趋势。

(3) 了解新能源汽车市场发展趋势,包括市场规模的快速增长、消费者需求的多样化、市场竞争加剧、政策环境的变化等。

(4) 了解智能技术在新能源汽车中的应用,如自动驾驶、智能充电等。
(5) 了解能源结构调整对新能源汽车市场的影响,如清洁能源的推广和利用。
(6) 了解新能源汽车产业链的发展和完善,包括电池制造、电机制造、充电设施建设等。

任务2　新能源汽车销售职业能力认知

任务描述

通过学习新能源汽车销售岗位的定义、特点、职业素质要求和能力要求、职业发展路径,帮助学生提升自身能力、素质和职场竞争力,实现个人成长。

一、知识准备

(一) 新能源汽车销售模式认知

1. 新能源汽车销售模式分类

新能源汽车销售市场和销售模式认知

随着新能源汽车市场的不断发展,销售模式也在不断创新和改变。传统的汽车销售模式主要是通过4S店销售,即销售、维修、维护、配件销售四位一体的模式。但是,新能源汽车的特殊性质和消费者需求的多样化,使得新能源汽车销售模式有所创新。

1) 直营模式

直营模式是指汽车制造商或授权代理商直接销售汽车给消费者,将销售环节和生产环节结合起来的销售模式。这种销售模式具有品牌认知度高、可以直接与消费者进行交流和反馈等优势。直营模式能够让消费者直接与汽车制造商或授权代理商进行交流并购车,减少了中间环节,汽车厂商可以在销售环节中更好地掌控质量,确保新能源汽车的性能和品质符合消费者的期望。

2) 经销商模式

经销商模式是指由汽车制造商授权给经销商来销售汽车的销售模式。经销商作为中间商,负责向消费者销售汽车,并提供售后服务。经销商模式可以让汽车制造商更加专注于产品研发和生产,而将销售和售后服务交给专业的经销商,提高了销售效率和服务质量。汽车厂商可以通过签订合作协议,将销售和售后服务的工作分配给当地的经销商,从而快速扩大销售渠道和规模。

3) 线上销售模式

随着电商的兴起,线上销售模式也成为一种新的销售方式。线上销售模式是指通过互联网进行汽车销售的模式,消费者可以在电商平台上浏览汽车信息、在线下单购车,并享受到线上售后服务。换言之,消费者通过互联网平台与企业或品牌联系,获得的包括产品保修、维修、更换零部件、技术支持、投诉处理等一系列售后服务,可以极大地方便消费者,节省了时间和精力,同时也提高了企业的效率和服务质量。在新能源汽车领域,随着技术的不断发展和普及，越来越多的汽车品牌开始提供线上售后服务。例如，特斯拉在其官方网站上提供了详细的维修手册和常见问题解答，消费者可以通过在线提交故障申报来获取专业的技术支持和维修服务。

4）合作销售模式

合作销售模式是指新能源汽车厂商和其他企业（如汽车企业、电网、电力公司、银行等）合作推广销售新能源汽车的模式。合作销售模式具有资源共享、风险分摊等优势，可以将不同企业的优势充分利用起来，实现互利共赢。

5）租赁销售模式

租赁销售模式是一种比较灵活、降低购车门槛的新能源汽车销售模式。

租赁销售模式是指企业将新能源汽车租赁给消费者使用，消费者可以根据自己的需求选择租赁时间和租赁方式。租赁销售模式具有灵活性高、降低购车门槛等优势。

租赁销售模式可以分为短期租赁和长期租赁两种方式。短期租赁是指租期较短，一般在1个月以内，消费者可以根据自己的需求选择租赁天数，通常适用于旅游出行、临时代步等需求。长期租赁是指租期较长，一般在1年以上，消费者可以根据自己的需求选择租赁时间和租赁方式，通常适用于企业、政府等机构。

6）补贴销售模式

补贴销售模式是指政府给予消费者购买新能源汽车的补贴，降低购车成本，以促进新能源汽车的销售。这种销售模式可以有效地刺激消费者购买新能源汽车，同时也可以扩大新能源汽车的市场份额。

7）共享模式

共享模式是指消费者通过共享平台租赁汽车进行出行的模式。共享模式可以让消费者以低廉的价格使用汽车，并减少汽车闲置时间，节约资源。例如，互联网出行平台滴滴出行宣布进军新能源车分时租赁市场，与北汽、比亚迪、江淮汽车等31家汽车产业链企业联合成立"洪流联盟"，计划在未来十年，在全球范围内推广1000万辆新能源共享汽车。

以上七种新能源汽车销售模式各有优、缺点，具体销售模式的选择需要根据市场需求、企业资源和政策环境等多方面因素进行综合考虑。在新能源汽车市场快速发展的背景下，企业需要根据市场需求及时调整销售策略和销售模式，提高销售效率和降低销售成本，赢得市场竞争优势。

2. 新能源汽车销售模式的发展

新能源汽车销售模式在不断升级和改变，各种销售模式各有优劣。汽车制造商需要根据自身的实际情况选择适合自己的销售模式，并不断优化，以满足消费者的需求，适应市场的变化。另外，新能源汽车的销售模式还存在一些挑战和问题，需要进一步解决。首先，新能源汽车的销售模式需要更好地适应消费者的需求和习惯。消费者对新能源汽车的认知和了解程度比燃油车低，需要更多的宣传和推广，以增强消费者的购买意愿。此外，消费者对新能源汽车的售后服务、维修等方面的需求也需要得到更好的满足，如电池维护、充电设施维护、电机维护、软件更新、客户服务等（表1-1）。

新能源汽车的售后服务和维修部分内容　　　　　　　　　　　　　表1-1

项目	内容
电池维护	新能源汽车的电池是其核心部件之一，需要定期进行维护和检查。售后服务提供商可以提供电池健康状态监测、电池更换等服务
充电设施维护	新能源汽车的充电设施也需要定期进行维护和检查，以确保其正常运行。售后服务提供商可以提供充电桩故障排除、充电桩维护等服务
电机维护	新能源汽车的电机也需要定期进行维护和检查，以确保其正常运行。售后服务提供商可以提供电机故障排除、电机维护等服务
软件更新	新能源汽车的软件也需要定期进行更新，以确保其功能完善和安全可靠。售后服务提供商可以提供软件更新、远程升级等服务
客户服务	售后服务提供商需要提供更加优质的客户服务，包括预约维修、上门取车、送车上门等方面的服务。此外，售后服务提供商还需要积极回应消费者的反馈和投诉，并及时解决问题，提高消费者的满意度

新能源汽车的销售模式需要更好地适应市场的变化和趋势。随着新能源汽车市场的逐步成熟，消费者对新能源汽车的需求和购买行为也会发生变化，汽车制造商需要不断调整和优化销售模式。例如，广汽埃安采用了线上＋线下营销模式，以适应市场的需求和变化。

其次，新能源汽车的销售模式还需要面对一些政策和法律方面的挑战。此外，新能源汽车销售模式也需要遵守相关的法律法规和行业标准，如《新能源汽车产业发展规划（2021—2035年）》《关于开展2022新能源汽车下乡活动的通知》《国家发展改革委等部门关于进一步提升电动汽车充电基础设施服务保障能力的实施意见》《中国新能源汽车销售管理办法》等，确保销售过程的合法性和公正性。

(二) 新能源汽车销售岗位职业认知

充分发挥人才的优势和能动性，是推动产业可持续创新发展的关键。党的二十大报告指出："必须坚持科技是第一生产力、人才是第一资源、创新是第一动力。"可见人才资源的重要性。随着新能源汽车市场的不断扩大和普及，新能源汽车销售岗位对于汽车销售至关重要。

1. 新能源汽车销售岗位的定义

新能源汽车销售岗位是指在新能源汽车销售领域中，负责向客户销售新能源汽车及相关配套产品和服务的职业岗位，换而言之是指从事新能源汽车销售工作的人员。

随着新能源汽车产业的迅速发展，新能源汽车销售岗位也越来越重要。新能源汽车销售人员不仅需要了解新能源汽车的技术特点、市场需求和竞争情况，还需要掌握销售技巧和市场营销知识，以提高销售效率和客户满意度。

新能源汽车销售岗位涉及的工作内容包括但不限于：制订销售计划和销售策略，开拓新的客户和市场，与客户建立良好的沟通和关系，解答客户的疑问和提供相关服务，介绍新能源汽车的特点和优势，提升销售业绩和客户满意度。

总之，新能源汽车销售是一个充满挑战和机遇的职业。销售人员需要具备专业的知识和技能，以及良好的沟通能力、销售技能和团队合作能力，才能在市场上获得成功。企业需要重视销售人员的培养和发展,提高销售人员的专业素质和工作效率,以实现企业的长期发展。

2. 新能源汽车销售人员的职业素质要求

职业素质是指一个人在职业生涯中所表现出的道德、品德、态度、价值观等方面的素质。它是衡量一个人是否适合从事某个职业工作的重要指标,包括责任心、诚信度、团队合作精神、创新能力等。为了更好地担任新能源汽车销售人员这一职业,需要具备以下职业素质。

新能源销售顾问日常工作内容和要求

1)良好的职业道德和服务意识

良好的职业道德和服务意识是销售人员必备的素质。新能源汽车销售人员需要具备诚信和责任感,遵守商业道德和职业规范,保护客户权益和企业利益,需要遵循企业文化和价值观,维护企业形象和声誉,以良好的职业操守和服务质量赢得客户信任和口碑,同时还需要以客户为中心,提供专业的建议和解决方案,保证消费者的满意度和忠诚度。

在销售新能源汽车的过程中,销售人员需要了解客户需求,并提供符合客户期望的服务,包括提供试驾体验、详细介绍车辆性能、解答客户的问题等。新能源汽车销售人员不仅要售卖产品,还需要为客户提供优质的售后服务和技术支持。

2)团队合作精神

新能源汽车销售人员需要具备良好的团队合作精神,能够与其他部门和厂家紧密合作,共同提高服务质量。这需要销售人员能够主动协调和沟通,处理好各种问题和冲突,积极参与团队活动和讨论,提供建设性的意见和建议。

3)学习和创新能力

新能源汽车销售人员需要具备学习和创新能力,关注新能源汽车市场和技术发展的最新动态,能够不断学习和掌握新的销售技能和产品知识,不断提升自己的销售能力和知识水平,在工作中不断寻找创新点,提出创新的市场推广和销售方案,不断改进和完善销售方法和策略。表1-2为某新能源汽车销售公司销售人员职责表。

某新能源汽车销售公司销售人员职责表　　　　表1-2

职业级别	岗位工作内容要求	岗位描述
实习销售	负责新能源汽车销售相关的初级工作,如接待客户、为其介绍车辆特点等,熟悉销售流程	了解新能源汽车产品和市场情况,学习和掌握销售技巧,协助销售顾问完成销售任务
销售顾问	负责实现销售目标,与客户建立良好的关系,提供专业的销售建议	能够独立完成销售任务,与客户保持良好的沟通,掌握销售技巧,了解市场情况和产品知识,具备一定的业务能力和销售技巧
销售经理	组织、管理和协调销售团队,负责实现销售目标,制订销售计划和策略	具备丰富的销售管理经验和业务知识,能够熟练运用市场营销理论和工具,组织和管理销售团队,完成各部门之间的协调和沟通合作
销售总监	负责公司销售业务的全面管理和战略规划,制订销售政策和目标,推动公司销售业绩的提高	具备深厚的销售业务知识和丰富的管理经验,能够制订和执行销售策略,推动销售团队不断发展和壮大,提升企业的市场竞争力

3. 新能源汽车销售岗位的职业能力要求

职业能力是指一个人在特定职业领域中所具备的知识、技能和经验等方面的能力。它是衡量一个人能否胜任某个职业工作的重要指标，包括专业技能、沟通能力、解决问题的能力等。以下是新能源汽车销售岗位的职业能力要求。

1) 专业能力

新能源汽车销售人员需要对新能源汽车产品有深入的了解和认识，包括产品的特点、优势、劣势、技术参数、功能配置等方面的知识。只有了解产品的特点和优势，才能够向客户提供专业的建议和解决方案，为客户选择适合的车型提供帮助。销售员需要掌握新能源汽车相关知识，包括新能源汽车的种类、特点、充电方式等，了解新能源汽车的行业政策、补贴等信息。

此外，销售人员需要了解新能源汽车市场的状况和发展趋势，包括各种类型的新能源汽车的特点和优势、市场竞争格局、政策环境等。了解市场需求和竞争情况，对于销售人员制订销售策略和方案、把握销售机会和优势具有重要意义。

2) 市场分析与预测能力

新能源汽车销售人员需要具备市场分析和预测能力，能够根据市场需求和竞争情况，制订相应的销售策略和计划。他们需要了解行业动态和市场趋势，把握市场变化和客户需求，预测市场走向和产品发展，为企业的市场拓展和销售决策提供有效的参考和支持。

3) 销售技巧与方法

新能源汽车销售人员需要具备一定的销售技巧和方法，包括客户沟通技巧、谈判技巧、客户关系管理技巧等，应能根据不同客户的需求和心理，采用不同的销售方式和手段进行产品推荐和销售，提供优质的售前和售后服务，从而提高销售效率和客户满意度。

4) 团队协作与管理能力

新能源汽车销售人员需要具备团队协作和管理能力，能够与其他销售人员和相关部门进行有效的沟通和合作，以实现销售目标和企业发展。他们需要具备良好的人际关系和协作能力，从而有效地组织销售活动，管理相关人员，提高销售团队的凝聚力和战斗力。

5) 客户服务与售后支持能力

新能源汽车销售人员需要具备良好的客户服务和售后支持能力，能够为客户提供及时、专业的售后服务和支持，以保障客户的权益和满意度。他们需要了解并遵守相关的法律法规和企业政策，提供全面的售后服务和解决方案，及时处理客户的投诉和意见，提高客户忠诚度和口碑。

4. 新能源汽车销售岗位的职业能力评价

在新能源汽车销售过程中，销售人员应该始终以客户为中心，注重服务质量和客户体验。同时，销售人员还应该具备正确的价值观和职业道德，例如诚信、责任心、敬业精神等。

新能源汽车销售岗位职业能力评价的意义在于评估销售人员的专业水平、促进销售业绩的提升、提升客户满意度和增强企业竞争力。通过对销售人员的职业能力进行评价，可以发现其优点和不足之处，有针对性地制订培训计划和激励机制，提高销售人员的销售能力和绩效表现。

课程思政

情境引入：比亚迪的HR（人力资源）面试新能源汽车销售人员，你认为一个专业合格的新能源汽车销售顾问应具备哪些职业素养？

其一，专业知识。销售人员需要具备丰富的产品知识和技术背景，能够深入了解比亚迪的产品特点和优势，并向客户提供专业的咨询和建议；培养学生的职业素养，树立职业道德观，具备工匠精神，展示中国工匠可信的形象。

其二，沟通能力。销售人员需要具备良好的沟通能力和表达能力，能够与客户建立良好的关系，理解客户的需求，并有效地传递信息和解决问题；培养正确的职业态度，弘扬正确的为人民服务精神、奋斗精神、奉献精神。

其三，服务意识。销售人员需要具备优质的服务意识和服务技能，能够为客户提供专业的售前和售后服务，提高客户的满意度和忠诚度；通过提升销售过程中的服务满意度，树立维护客户利益的观念，依法维护客户的切身利益。

其四，团队合作精神。销售人员需要具备良好的团队合作精神，能够与同事协作完成销售任务，共同实现销售目标；在日常工作中协同合作，培养团队合作、敬业奉献、服务人民的精神。

其五，业绩导向意识。销售人员需要具备强烈的业绩导向意识，能够积极主动地开拓市场，挖掘潜在客户，达成销售目标。增强职业荣誉感和责任感，培养在学习中敢担当、能吃苦的好品质。

总之，只有具备这些素质的销售人员才能够在比亚迪的营销模式下取得良好的销售业绩在客户满意度、促进新能源汽车销售、推动行业健康发展等方面都起到积极的作用。同时，销售人员还应该具备正确的价值观和职业道德，具备诚信、责任心、敬业精神等。坚定不移听党话、跟党走，怀抱梦想又脚踏实地，敢想敢为又善作善成，立志做有理想、敢担当、能吃苦、肯奋斗的新时代好青年，让青春在全面建设社会主义现代化国家的火热实践中绽放绚丽之花。

二、任务实施

（一）工作准备

（1）场景准备：新能源汽车销售4S店、手机、固定电话、电脑（配套客户管理系统）、车型资料、纸笔等。

（2）人员准备：销售顾问着正装。

（3）电话和面访商务接待礼仪准备。

（二）实施步骤

请根据本任务中的"知识准备"，通过电脑、手机查询信息，客户信息以及实地走访有关新能源汽车销售的商店等完成以下工作内容。小组分工收集、整理汇总资料，完成汇报材料，并进行口头汇报，组员之间互相评分。

（1）了解新能源汽车销售模式的不同特点和优、劣势：直营模式、经销商模式、线上销售模式、合作销售模式、租赁销售模式、补贴销售模式和共享模式。

（2）了解新能源汽车市场发展趋势，包括市场规模的快速增长、消费者需求的多样化、市场竞争加剧、政策环境的变化等，以便更好地了解市场需求和制定销售策略。

（3）了解新能源汽车销售岗位职业能力：职业素质要求、职业能力要求和职业能力评价等方面。

（4）了解新能源汽车技术，包括电动汽车技术、混合动力电动汽车技术、燃料电池汽车技术等，以便更好地向客户介绍产品特点和优势。

（5）了解销售技巧与方法：客户开发、产品介绍、谈判技巧、售后服务等。

项目二 客户接待和需求分析

任务要求

▶ **知识目标**

1. 理解客户（来电、来店）接待的目的和要求，客户需求分析的目的和要求。
2. 掌握客户（来电、来店）接待的方法和技巧，客户需求分析的方法和技巧。
3. 理解客户异议的原因，掌握应对异议的方法和技巧。

▶ **技能目标**

1. 能够完成客户来电的接待，并邀约到店。
2. 能够针对客户来店目的完成接待工作。
3. 能够针对不同客户准确进行需求分析。
4. 能够处理常见客户异议，解决客户问题。

▶ **素养目标**

1. 培养诚实守信、责任意识，具有团队合作的精神。
2. 注重职业道德引领，培养爱岗敬业、诚实守信、公平竞争的职业素养，恪守正确价值观和职业操守。
3. 通过小组合作完成技能训练任务，培养团队合作、敬业奉献、服务人民的精神。
4. 树立维护客户利益的观念，培养依法维护客户的切身利益的服务意识。

建议学时：12 课时

任务1 客户来电接待

任务描述

客户来电了解车型配置、价格、优惠活动等信息，销售顾问接听电话，运用专业知识和电话接听礼仪与客户沟通，了解客户来电目的，解答其疑虑，并主动邀请客户到店进一步了解，以便发掘销售机会。

线上、线下客户开发渠道运用

一、知识准备

(一)电话接听流程

1. 客户获取信息的途径

客户获取信息的途径一般有线上、线下两种形式。销售顾问应善于通过各种渠道挖掘和获取更多潜在客户资源,为客户提供咨询服务,促使潜在客户光临经销店,从而有机会让客户亲自体验,从而赢得销售机会。

当客户通过线上、线下途径查询车型或相关信息时,他们即成为我们的潜在客户。根据潜在客户转换规律——漏斗理论(图2-1),通过线上、线下各种途径收集客户信息(比如客户在车展上、网络上留存下联系方式),筛选出有购买意向的客户,即为潜在客户。对潜在客户进行跟进、邀约、销售促进,即有机会将其发展成为成交客户。由漏斗理论看出,集客越多,转换成潜在客户越多,最终转换成为成交客户就越多。因此,想要提高成交量,首先要尽量多途径收集潜在客户资源。

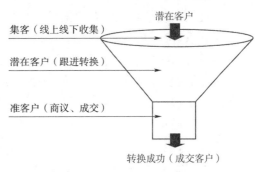

图 2-1 客户转换规律——漏斗理论

1)线上获取

当客户有购车需求时,会通过线上途径了解产品销售信息。例如,可以通过该汽车品牌官方网站(如比亚迪官方网站)、汽车垂直网站(如太平洋汽车网、汽车之家、易车网、网上车市等)、汽车应用软件(懂车帝、汽车之家、易车、爱卡汽车、太平洋汽车)、直播平台(抖音、快手)等进行产品信息、优惠信息了解。

某客户想了解某款车型,通常会先通过线上咨询的方式进行初步了解。在线上咨询一般可以了解车型信息,还可以进一步预约试乘试驾、价格咨询、订购车型等服务,这时客户可以留下联系方式,经销店即可根据客户需要的服务联系客户。线上咨询是客户了解产品信息的第一步。厂家和经销商往往通过手机应用软件(App)、微信公众号、直播平台等移动端投放广告,推送宣传活动、优惠信息等资讯,客户看到后若感兴趣就可以通过后台或者宣传页上的电话联系当地的经销商。

(1)官方网站。个人通过电脑端登录网站,根据其 IP 地址锁定地域,向客户推荐同城经销商。如终端媒体设备匹配了定位功能,则会向客户推荐距离其最近的经销商地址及销售热线。

(2)垂直网站。

①通过网站后台精准地获取客户的联系方式。

②通过网站匹配的当地销售顾问的联系方式收集客户联系方式。

(3)微信。

①经销商开通"公众号""订阅号"来收集客户资源。通过经销商工作人员转发市场活

动软文获取客户资源。

②经销商通过智能V5平台的后台获取客户联系方式。

(4)官方微博。通过热点活动、市场活动软文的推送、转发获取客户资源。

(5)汽车频道、汽车之家等的专栏。在新车作业区、车主论坛区搜集客户信息。

(6)手机App(懂车帝、易车等)。通过热点活动、市场活动软文的推送,促使客户查询相关信息,获取客户资源。

(7)抖音直播等。通过抖音等直播平台(粉丝在这些平台观看直播),获取客户信息。

(8)论坛、贴吧。销售顾问浏览各类汽车论坛网站,在论坛的技术贴吧及车型频道里搜集客户信息。

通过线上途径收集到客户信息后,销售顾问会联系客户,邀请客户到店。

在联系客户前,明确客户基本信息(称呼、电话)、关注车型、地区、关注时间。

电话沟通时要注意:报价原则是只报综合优惠和区间价格,报价规则要参考"价格权限表"。电话时长控制在3min以内,避免客户不耐烦,电话沟通主要目的是电话邀约到店。对于更深入了解,则等客户到店后进行。

电话沟通示范如下:

首先,表达礼貌问候,确认客户,自我介绍,咨询客户所在地区。然后,进行简单需求分析(明确配置、颜色、付款方式、购买地点、购买时间等)。

销售顾问:您好,请问是××先生/女士吧?我是比亚迪××4S店的销售顾问××,您在××网站上关注了我们××车型对吧?

客户:对。

销售顾问:××先生/女士,请问您了解的是哪一个配置的呢?

客户:告知配置(如没确定配置,要引导客户选择现有车型和特价车)。

销售顾问:您计划是贷款购买,还是全款呢?

客户:全款/贷款,你们有什么优惠?

销售顾问:优惠肯定是有的,我们是本地最大的4S店,只要您看好了这款车,价格一定让您满意。您看什么时候到我们店看一下车呢?

客户:最低价多少?

销售顾问:不同的配置有不同的价格哦,我们这款车子综合优惠在××~××之间,并且现在我们也在做促销活动,您看要不我帮您先预约到店试乘试驾,您感受过汽车之后我再给您做详细预算,好吧?您××月××日早上/下午××点能到我们店吗?

客户:可以。

销售顾问:好的,您知道我们店地址在哪里吗?

客户:不知道/知道。

销售顾问:我们店的地址是……,稍后我会把我们店的地址以及我的联系方式发送给您,您的微信号是手机号吗?我加一下您的微信,请通过一下哦,我给您发定位和相关车型资料。

客户:好的。

销售顾问：感谢××先生/女士对我们比亚迪××店的支持，我们××月××日早上/下午不见不散哦。

客户：好的。

销售顾问：感谢您的接听，祝您生活愉快！再见。

2）线下获取

（1）展厅获取。

展厅获取主要是指第一次到店（自然到店）的客户，之前没有留存过信息，客户有可能随便看看，也有可能已经有购买意向来看车。因此，销售顾问应接待好客户，尽量留下客户的联系方式。

（2）市场活动获取。

市场部的主要任务就是通过各种活动集客，获取更多的潜在客户信息，例如：在大型的车展，很多人观展，在车展收集客户的联系方式，用于后期跟进；还可以经常针对消费者开展主题活动，让客户参与活动时留下联系方式；汽车品牌经销商也经常到大型商场进行巡展，收集逛商场时对车型有兴趣的客户信息，在美食商场、咖啡店等适合人群出入的地方的书报架上摆放车型宣传彩页，方便客户致电咨询等。

3）转介绍获取

服务好老客户，保持联系，当老客户的亲朋好友想买车的时候，老客户也愿意转介绍给销售顾问。转介绍获取的优势很大，成交快，议价难度低，客户满意度高。但是如果想做好转介绍获取，那么就要求销售顾问认真接待每一个客户，客户满意度高了，他们才有可能给你介绍新客户，客户维系也得做好。另一方面就是客户基盘要大，所以要多寻找客户、接待客户、留存客户资料。

销售顾问的亲朋好友、同行、同事也会给销售顾问转介绍潜在客户。

话术示范：

"我朋友在比亚迪做资深销售顾问，我的车也是让他帮挑的，他为人比较实在，我介绍给你认识啊。"

"你想对比一下××车型是吗？我有个朋友刚好是这个品牌的销售顾问，你可以过去找他，让他给你介绍一下，也可以帮您安排体验一下。买车嘛，对比一下也是正常的，我推送他的微信给你呀！"

"您可以到店找小×，他是我们店的金牌销售顾问，很专业，服务态度非常好，您就说是在直播间了解过××车型的，现在过来看看就可以了。"

4）随机获取

在日常工作、生活中，注意观察，遇到客户有咨询需要时，主动提供服务并介绍、推广自己的工作。

2. 客户来电接待流程

1）汽车4S店客户来电接听关键信息

当销售顾问接到客户的电话咨询，应在铃响三声内接听电话，电话接通后，销售顾问应先问好，问候语要简洁、明了，然后进行自我介绍，确认客户的

潜在客户
邀约到店

来电目的,并采取合适的处理方式,以便于解决客户的问题。

关键信息:铃声响起三声内接听电话,自报家门,询问客户称呼,解答客户咨询问题(如介绍客户询问的车型信息、产品价格、优惠活动、现车、上牌服务等),进行客户需求分析,介绍店内活动,邀请客户来店或试乘试驾,询问客户来店时间,告知客户地址、开车路线、坐车路线信息,询问客户联系电话、客户得知广告的渠道以及客户是否还有其他需求,感谢客户来电并再次自我介绍,结束电话后第一时间短信发送经销店地址、销售顾问本人电话。

"尊敬的××先生/小姐/女士您好,感谢您致电比亚迪××店。我是您的销售顾问李××,电话133766××××,很高兴为您服务。感谢您对汉DM-i的关注,欢迎您随时来店赏车试驾,小李随时恭候您的光临,祝您生活愉快。我公司地址是××市××大道××号××比亚迪汽车销售服务有限公司。"

2)汽车4S店电话接待原则

电话旁准备好产品价格表、产品资料、产品活动最新促销信息、各部门通讯录。在营业时间内,铃响3声内应接听电话。应采用统一的问候语:"您好,这里是××品牌××店,我是销售顾问×××,请问有什么可以帮您?"用语中应体现出问候语四要素(××品牌、企业名称、本人职务和姓名),并使用普通话。打电话应声音热情洋溢,面带微笑,使对方在电话中能感受到热情和友好。应主动询问并记录客户需求(咨询业务或办理业务),明确用户信息(姓名、电话),并适时加以总结确认。应在尊重客户的意愿的前提下,主动邀请客户到展厅,并记录预约时间。使用标准用语感谢客户来电并礼貌道别:"×女士/先生,感谢您的来电,祝您工作顺利、生活愉快!"等话语。待客户挂断电话后再挂电话。电话结束后,立即将客户信息记录在潜在客户管理卡上,同时登录客户管理系统,录入客户信息(表2-1)。

客户来电登记表　　　　表2-1

序号	客户姓名	日期	车型	电话	第几次到店	意向级别	销售顾问	备注
1	张先生	2023-01-15	汉2022款DM-i	133888×××9	0	A	李磊	
2								

意向级别:计划半个月内购车,意向级别为H级,1个月内购车,为A级,1~3个月购车,为B级,3个月以上购车,为C级。

第几次到店:没到过店的,记录为0;到过店的,按照实际次数记录。

3.来电咨询类型应对

客户的来电可能是咨询信息或办理业务,因此需确认客户的来电目的,并采取合适的处理方式,以便于解决客户的问题。如:咨询产品功能配置、有无优惠、试乘试驾、有无现车等;业务办理是否需要代为转告;是否需要指定的工作人员亲自接听;是否需要预约时间办理等。具体应根据实际情况应对。

1)咨询车型信息

销售顾问针对客户关注的问题和需求,要重点介绍车辆给客户带来的利益,包括售后服务等附加利益;要如实介绍车辆的性能、服务,对一时难解答的问题,及时处理后致电客户解答或邀请客户来公司。销售顾问在解答问题时要简洁、准确、专业。

销售顾问:您好,欢迎致电比亚迪海洋网正亚店！我是销售顾问××,请问有什么可以帮您的?

客户:我想了解一下海豚车型。

销售顾问:您好,先生,请问您怎么称呼?

客户:我姓张。

销售顾问:张先生您好,您具体想了解海豚什么呢?

客户:海豚有没有现车?

销售顾问:海豚有现车,您想看哪个配置呢？来店里看过车吗?

客户:还没有看过车。有什么配置?

销售顾问:那您有时间过来看看,我再给您介绍具体的配置,也可以让您试乘试驾体验一下。海豚有些配置比较热销,晚些可能会没有现车哦！张先生这两天有空过来看看吗?本周六下午有个客户答谢会,海豚有活动呢！

客户:有什么活动?

销售顾问:到店享八重礼品。张先生,要不我加一下您微信,把活动内容发给您看看,感兴趣的话可以过来哦！

客户:好的,我微信就是电话号码,133×××××××。

销售顾问:好的,那等会我加您。张先生,您还有什么要了解的吗?

客户:没有了。再见。

销售顾问:好的。感谢您的来电。祝您生活愉快！再见。

2)咨询价格信息

如果客户询问汽车产品的价格优惠,在电话里成交的可能性很小,避免在电话中亮出价格底线,也避免出现价格的谈判。要做到只报官方价格和公开优惠。因为电话沟通中销售顾问无法判断客户价格商谈的诚意。销售顾问处理的原则是电话沟通中不让价、不讨价还价,既不答应也不拒绝客户的议价要求,目的是邀请客户来展厅成交或上门成交。

销售顾问:您好,欢迎致电比亚迪海洋网正亚店。我是销售顾问××,请问有什么可以帮您的?

客户:我想了解一下海豚车型现在优惠多少。

销售顾问:您好,海豚车型现在是有优惠的。先生您怎么称呼?

客户:我姓张。

销售顾问:张先生您好,你了解过海豚车型吗?

客户:了解过了,到店里看过。当时说优惠5000元。现在优惠力度更大吗?

销售顾问:哦,您是来我们店看的吗?

客户:不是,别的店。所以问问你这优惠更大吗?

销售顾问:现在价格都比较透明,同城价格差别不会太大的。您看好哪个配置,要不过来看看？汽车销售价格跟车型、配置、颜色、购车预算和方案有直接关系,您过来我们可以为您做最合适的推荐,给您最实惠的价格。

客户:如果优惠大的话,可以过去看看。

销售顾问:张先生,您明天有时间吗?刚好周末有活动,可以带家人过来玩玩,有购车代金券抽奖,最高优惠可以叠加3000元呢!机会难得哦!

客户:好的。那我过去看看。

销售顾问:好的,张先生,您的微信号是多少?我加一下您的微信。可以直接到店领取小礼品一份,我把活动发给您。以后有优惠活动也可以直接推送给您。

客户:我的微信号是我的电话号码。

在电话邀约过程中,一定要注意收集客户信息,特别是留存准确的联系方式。另外,销售顾问在通话交流中,注意礼仪,要适时明确对方如何称呼,如"先生/女士,您贵姓?"可以以推送有关车型资料、优惠信息、活动信息为由,让客户了解到留下联系信息会给客户提供方便、带来好处,以便顺利获取客户电话、微信。

📖 课程思政

情境引入:客户问及价格和优惠政策,并要求更大的优惠时,销售顾问应该如何正确应对。先看下面的案例:

客户致电了解价格优惠政策。

销售顾问:您好,欢迎致电比亚迪海洋网××店,我是销售顾问××,请问有什么可以帮您?

客户:我想了解一下海豚现在优惠多少。当时说优惠5000元。现在优惠力度更大吗?

销售顾问:哦,您是到我们店看的吗?

客户:不是,别的店。所以问问你这优惠更大吗?

销售顾问:当然啦!我们店是全市价格最优惠的!您是在哪家店问的价格?

客户:××店。

销售顾问:原来是那家店啊!那家店猫腻多,不是有问题的车,就是库存车,要不就是要捆绑卖很多精品,到时候宰你没商量。有些在那家店看过车到我们店的客户在我们店买了,要不就是在那家店买到问题车了。我们店绝对不会出现这种事情,您看好哪个配置,要不过来看看,其实买车价格跟车型、配置、颜色、购车预算和方案有直接关系,我们店的价格肯定比他们低。您过来我们可以为您做最合适的推荐,给您最实惠的价格。

客户:如果优惠大的话可以过去看看。能再降5000元就去。

销售顾问:可以,没问题,过来再说!张先生,您明天有时间吗?明天过来看看。

客户:确定再少5000元吗?确定我就过去。要不浪费我时间。

销售顾问:确定,肯定满足您的要求。

案例分析:

(1)销售顾问的接听电话中沟通的主要问题是什么?

(2)销售顾问应该如何正确应对?

在案例中,销售顾问急于通过优惠政策吸引说服客户到店的心情可以理解,但是明显违背了诚实守信、公平竞争的职业道德。

首先,销售顾问在客户提及别的店的优惠的时候,诋毁了其他店。其次,销售顾问为了成功邀请客户到店,承诺客户提出的优惠幅度。实际上,别的店可能没有他说的情况,他也极可能无法给客户提供想要的优惠,因此销售顾问违背事实,存在不公平竞争。一旦客户发现到店后销售顾问无法给他相应的承诺,那么不但无法成交,也会给公司带来不利的影响。因此,销售顾问的诚实守信、公平竞争的职业理念非常重要。

正确的处理应该是:
(1)不诋毁同行,公平竞争。
(2)在价格和优惠的解释上,基于诚实守信的原则应对。

销售顾问:现在价格都比较透明,同城价格差别不会太大的。您看好哪个配置,要不过来看看,买车价格跟车型、配置、颜色、购车预算和方案有直接关系。您过来我们可以为您做最合适的推荐,给您最实惠的价格。

客户:如果优惠大的话可以过去看看。

销售顾问:张先生,您明天有时间吗?刚好周末有活动,可以带家人过来玩玩,有购车代金券抽奖,最高优惠可以直降3000元呢!机会难得哦!

案例总结:销售顾问的职业道德基本要求是诚实守信、公平竞争。

汽车行业对从业人员提出越来越高的品德方面的要求,要有诚实守信、责任意识以及团队合作的精神。在销售环节上,要信守承诺,诚信为本。因此,应更加注重汽车销售人员的职业道德引领,使他们爱岗敬业、诚实守信、公平竞争,为社会奉献,能够恪守自身价值观、职业操守,最终将职业道德内化到自身思维中,并外化到行为中,汽车销售人员不但要具备专业营销知识,还要学会做人做事。这样才能成为德才兼备的高端高素质销售人才。

3)其他业务咨询
(1)预约试乘试驾。

如果客户致电预约试乘试驾,则告知客户试乘试驾的手续、时间,预约试乘试驾时间。

销售顾问:您好,欢迎致电比亚迪王朝网正航店,我是销售顾问李××,请问有什么可以帮您的?

客户:我想去试乘试驾比亚迪汉。

销售顾问:好的,非常欢迎。先生,您怎么称呼?

客户:我姓张。

销售顾问:张先生,您好,请问您有驾照吗?

客户:有的。

销售顾问:好的。麻烦您带上驾照到店,我们会帮您安排试乘试驾。您想什么时候到店试驾呢?

客户:周末吧。

销售顾问:好的,周六上午可以吗?

客户:可以。

销售顾问:好的,你想几点到呢?我提前帮你准备好试驾车。

客户:10点。

销售顾问:好的。那我帮您安排好,您到时候带驾照过来就好。张先生,我加一下您的微信可以吗?把地址和定位发给你,也方便到时我提前给您电话,在店里恭候您,顺便也把周末我们店里的活动发给您看一下,您可以带家人朋友一起过来参加。

客户:好的。

(2)咨询贷款、上牌等服务。

如果客户咨询贷款、上牌等服务,则为客户做好解答。

贷款一般1~5年期,首付车款一定的比例,贷款金额利息有无息和有息两种情况,不同时期活动不同,可结合具体经销店的贷款政策解释。一般情况下申请车贷所需材料:身份证、户籍证明、婚姻证明、工作证明、收入证明、个人征信报告、车辆登记证明、行驶证、购车发票、保险单、购置税本、车辆抵押证明、企业营业执照、组织机构代码证等。银行贷款和金融机构贷款需要的材料有所不同。上述部分材料根据实际情况也可能不需要提供,详情需要参考当地银行或金融机构贷款审核标准。

上牌一般需要提供买车人的身份证以及车辆合格证、购车发票等材料。公司买车上牌还需公司的营业执照或者是工商登记证,组织机构代码证,税务登记证书等材料。

(二)电话接听异议应对

1.价格异议应对

一般情况,客户在电话里面的价格异议占比最高。比如客户声称不到店,电话里询价和议价,并表示价格合适就会到店,这种情况很常见。应对策略是:对本地客户,坚决不在电话内议价;对外地客户,具体了解,视情况而定,一般采取店头活动吸引、优惠政策到店详谈的技巧邀请客户到店。

邀请客户到店的应对话术:

"请问先生/女士,您之前看过这款车吗,试驾过吗?买车可不是件小事,建议还是看过试过再作决定?您看我帮您预约一个深度试驾怎么样?我们有专业的试驾工程师,让您深度体验一下这款车,买不买没关系,但是我作为您的销售顾问必须让您选择一款适合您的车,而且我们现在一个限时活动,就是到店试驾即可赠送价值198元的精美礼品,质量非常好,我帮您预约个时间过来可以吗?"

"先生/女士,您好,我非常理解您的心情,想要省时省力购买一款价格合适的产品,就像您买一件衣服一样,也会讨价还价很多次,这么大额的交易,还需要您到店当面谈,毕竟我的权限只有这么多。您放心咱们是同一战线的,您买车、我赚钱,您来了我和您一起找我们经理谈,一定给您一个目前我们店里最大的优惠政策。您看明天下午可以吗,我们经理有时间。"

当客户要求我们报底价又没有告知他想要的价格,则先试探客户的心理价位,再进行报价,应对话术:

"和您说了这么多,非常理解您的心情,也看出您想购买这款车,但是我的权限确实都已经报给您了。您能承受的价位是多少呢?当然您可别说越便宜越好,买东西都是这个心理,但是每样东西都有一个最低卖价,是不是?您能承受的价格是多少呢?"

当客户报了一个相对较低的价格,应对话术:

"您能承受的价格已经超出了我们全年的政策,您的手机号码可以添加您微信吗,我给您发一个我们店内全年的销售政策走势图,您看一下。您说的那个价格我们从来没有卖过!您也不能只看买的时候优惠多,二手车的价格都是根据新车的最低价进行变化的,我们的汽车销售价格是很稳定的,当您卖车的时候也能多卖点对吧。我们现在有××集团的维护及增值计划,加入这个计划可以享受我们的二手车保值服务,在我们××集团的二手车估价会比市场价高20%左右。"

当客户要求一个低于最低销售价格的优惠,则应该表明价格透明,不可能出现低于常规的价格的事实,然后从公司优势、产品优势、服务优势等方面打动客户。应对话术:

"先生,您也知道现在互联网这么发达,只要您随便上网就能知道现在这款车优惠多少钱。现在卖车利润都不高了,同个地区的价格基本相差不大。如果有些店告诉你比其他店低得多的价格,那您要注意很可能是低价吸引客户,到店之后并不是那样,会有其他捆绑消费或者附加消费的,或者有可能是库存车,这种事情太多了。我给您的优惠是实实在在的现金优惠啊!"

然后,再从公司优势、产品优势、服务优势等方面打动客户:

"另外,由于我们店是开在开发新区,距离市区有些远,房租、人力成本都比市区少,而且我们是新店,因此厂家对于我们车型配置上、价格优势上都给予了一定的倾斜,我们都可以把这些节省出来的利润给到客户,让客户得到真的实惠!我们是××集团,目前国内最大的汽车经销商集团,资金雄厚。××集团并不是看中售前的利润,一个集团长期发展是离不开保有客户的,所以售前的新车价格方面可以给客户一些实惠,还想着您以后到我们店维护或者给我们介绍客户购车呢!"

2. 车型异议应对

当客户对车型提出异议时(动力不足、质量不稳定、电池质量差、续驶能力差等),除了在电话中给予正确的解答,也应邀请客户到店进一步了解或试乘试驾体验,消除客户的疑虑。应对话术:

"先生,关于您担心电池质保期的问题,我非常理解,如果是我,我也担心,但是这个车的电池是终身质保的。其电池质保政策是首任个人车主(非营运)三电终身质保,整车的质保政策是整车保修期6年或15万公里。针对三电系统,比亚迪提供了终身质保,在所有新能源车企业里面比较罕见,表明比亚迪对自己的三电产品很有信心。"

"先生,关于您提出的特斯拉的电池与比亚迪电池相比更好的问题,我简单地解释一下。比亚迪的刀片电池采用的磷酸铁锂材料,第一个优势是续驶里程长。铁电池存储的电能容量高,一次充电可以行驶的距离更长,具有良好的充放电循环性能和电化学稳定性能。第二个优势是环境适应性好。铁电池工作温度范围宽,可以适应全球各地的气候环境。第三个优势是安全性方面更高,碰撞不易起火。第四个优势是刀片电池使用寿命更长,可循环充放电次数达到3000次以上。特斯拉用的电池是三元锂电池,锂离子电池具有重量轻、能量密度高、容量大、无记忆效应特点,续驶能力表现更好,在快充性能上,三元锂电池充电速度更快,但是安全性能差一些,碰撞后出现自燃的概率更大。因此,两者各有特点。总体而言,比亚迪电池的质量和性能表现还是非常优秀的,您可以到店亲自了解和感受一下。"

二、任务实施

(一)工作准备

(1)场景准备:模拟展厅、固定电话、电脑(配套客户管理系统)、车型资料、客户来电登记表、纸笔等。

(2)人员准备:销售顾问着正装。

(3)电话商务接待礼仪准备。

(4)接待话术准备。

(二)实施步骤

请根据本任务中的"知识准备",按照步骤完成以下工作内容。

(1)完成销售顾问仪容仪表检查。

(2)完成展厅客户接待场景布置(固定电话、电脑、办公座椅等)。

(3)完成客户接待资料准备(车型资料、来电接待登记表、纸笔等)。

(4)运用标准商务礼仪完成客户来电接待。

(5)正确地介绍自己。

(6)获取客户到店的基本信息(称呼、来电目的等)。

(7)按照客户来电内容进行正确解释。

(8)根据客户感兴趣的点(优惠、试乘试驾等)吸引客户到店。接待过程沟通顺畅,使客户感觉轻松愉快。

(9)客户意向级别判定,并登记客户来电登记表,录入客户管理系统。

(10)任务完成后进行5S管理。

任务2 客户来店接待

任务描述

销售顾问正确接待自然到店和邀约到店的客户,为客户营造轻松舒适的看车环境和沟通氛围,为接下来的购车需求分析打下基础,创造销售的机会。

一、知识准备

(一)客户来店接待要点

1. 给客户留下完美的第一印象

展厅接待环节是销售顾问和客户的第一次接触,客户面对陌生的环境和销售顾问,会不自然地感觉紧张和压力,不利于销售顾问接下来的沟通,因此需要在接待过程中打破僵局,让客户感受到销售顾问热情周到的服务,同时避免感受到销售顾问推销的压力。此时,需要销售顾问通过打造完美的第一印象、建立良好的关系、加深客户的印象这三个步骤来完成展厅接待。

1)打造完美的第一印象

工欲善其事,必先利其器。要给客户留下完美的第一印象,就要求我们做好充分的准备工作,包括销售知识、心态、销售工具方面的准备。

(1)知识的准备:所在品牌、竞争品牌车型专业知识,传统汽车与新能源汽车专业知识,汽车相关法律法规知识,汽车养护使用知识,相关金融知识,相关保险知识,合同知识,上牌知识,沟通交流知识及社会知识。

(2)心态的准备:热情周到的服务意识,积极努力的精神状态,勇往直前的工作态度,以饱满的精神状态接待每一个客户。

(3)工具的准备:销售合同、报价单、价格表、精品表、在售车型表、优惠政策文件车型资料、个人名片等,以及手机、平板电脑等可以快速查看视频、上网、登录销售网络等。

销售顾问在与客户沟通的过程中应该从肢体语言、语音语调和谈话内容方面打造完美的第一印象。

肢体语言需按照销售顾问接待礼仪标准要求执行,仪容仪表符合汽车品牌要求,表情亲切自然,保持微笑,站姿、坐姿、气质、走路姿态符合商务接待礼仪要求。

语音语调有礼有节、吐字清晰、抑扬顿挫、音量适中、充满自信,避免不文明的口头禅。

谈话内容:主动赞美客户,使客户心情愉悦,并通过谈论时事热点、谈论客户感兴趣话题拉近彼此距离。对于一些敏感问题保持中立、专业、平等,避免与客户产生观点上的冲突,建立良好的沟通氛围。

2)建立良好的关系

客户进入一个陌生的环境里面,由于不熟悉情况,因此存在着一定压力,就需要给予充足的空间去缓解压力,最好的办法就是尊重客户的意愿,创造缓冲的环境,让客户适应展厅的环境。

如何消除客户的压力?可以通过寒暄的方式,比如就热点话题展开;也可以通过关心关怀客户,让客户放松心情;还可以通过赞美客户,让客户心情愉悦的方式,缓解和消除客户的压力。

(1)通过热点话题或者谈论客户感兴趣的内容,引起客户聊天的兴趣。

"昨天的××新闻,您看到了吗?影响好大啊!"

"昨天油价又涨了!"

(2)找到共同话题(时事热点、流行词汇及其他共同点),寻找"五同"(同乡、同窗、同好、同姓、同行)。

"哎,听口音您是××人哦!我也是哦!老乡哦!"

"您喜欢钓鱼啊,我也喜欢钓鱼!"

(3)关怀客户。

根据客户意向(看车/入座),接待客户:"有什么可以为您服务的?"

通过(交通、天气等)关怀客户,"天气这么热,渴了吧?喝点冷饮休息一下?"
"这个时间点挺堵车的,过来顺利吧?先休息一下吧?"

(4)赞美客户,让他心情愉悦。

任何人都喜欢被赞美,但这并不是虚情假意,赞美一定要发自内心,足够真诚。适当的赞美可以拉近销售顾问与客户之间的距离,使得销售活动能更顺利地进行下去。

①通过举例具体明确的事情赞扬客户。

如果在赞扬客户时,销售人员能够有意识地说出一些具体而明确的事情,而不是空泛地赞美,往往可以获得客户的认可并坦然接受。例如:

销售顾问:您从哪边过来的?

客户:从青秀区过来的。

销售顾问:高端社区啊,那边住的都是成功人士。现在很多人都想买那边的房子。

②赞美客户独特之处。

每个人都希望别人注意其不同凡响的地方。因此,如果你在赞扬客户时,能顺应这种心理,去观察、发现其异于别人的不同之点,以此来赞扬,一定会取得出乎意料的效果。

赞美的点应该是客户自身真实存在的优点,最好是客户自身独有的、标志性的或者有客观事实支持的。

"您这身打扮气质出众!"

"您好年轻,看起来比实际年龄年轻十几岁!"

"您这发型真好看!是什么地方做的?介绍给我呀!"

如果赞美客户本人不合适或者一时寻找不到客户赞美的点,可以赞美客户关注的事情,比如他的爱好、他的家人。

"您的女儿真漂亮/聪明/可爱!好幸福呀!"

"您的手表真高档!成功人士的象征!"

"您的裙子真好看!穿上气质特别出众!"

"像您这么懂车的客户,我真是很少遇到。如果所有客户都像您这样,沟通就很轻松愉快了。"

3)加深客户的印象

(1)利用相关的硬件设施提升客户体验感。

(2)通过更好的服务意识和服务态度来赢得客户的喜悦感受。

例如,提供儿童娱乐区,让同事陪同儿童玩耍;主动出门迎接客户,建议客户填写停车卡(门卫/销售顾问);销售顾问主动为客户撑伞遮阳;提供休闲小点心,符合天气的饮品,纸巾、湿巾,无线网络;提供中午时间的客户餐;提供洗车服务;提醒客户是否遗落物品;送客户出门,陪同客户到停车区;加客户联系方式(微信)后有问必答,如有其他服务咨询或需求尽量提供帮助;及时告知对客户有用的信息或活动等。

2. 客户来店接待流程

客户来店后的接待流程分为:展厅接待前的准备、门卫欢迎及引导停车、展厅接待、客户离店(图2-2)。

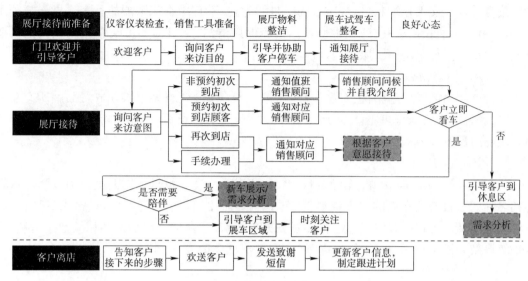

图 2-2 客户接待流程

1)展厅接待前的准备

(1)形象及着装。

销售人员统一着装,风格保持统一(图 2-3)。销售人员应着装整洁、得体,西装、衬衫袖口不可卷起,衬衫须扎进裤里,不得外露。发型整洁,过肩长发要扎起,发色不能出现非主流颜色。服装必须保持清洁、平整,衣服必须经常清洗更换,保持领口、袖口的清洁、平整。下装穿深色裤子或裙子。统一穿黑色、简洁的皮鞋。统一佩戴符合汽车品牌统一要求的工牌。工作牌必须佩戴于左胸前的适当位置,佩戴整齐,不能歪斜。

图 2-3 销售顾问着装要求

妆容要求。女士化淡妆,以淡雅、清新、自然为宜,不宜用香味浓烈的香水。男士胡须不能太长,鼻毛不能长出鼻孔,应经常修剪。口腔保持清洁,上班前不可吃有异味或其他有刺鼻气味的东西。耳朵、鼻孔、眼角内外应清洁干净。

(2)展厅销售物品。

保持展厅内部及设施整洁,车型资料、物料整齐。每个资料架上必须放置品牌所有车型的资料,每种车型资料至少不能少于 15 份(如没有该车型彩页,可用 A4 纸复印代替)。资料必须随时保持摆放整齐。

(3)个人销售工具。

检查个人销售工具(表单、车型资料、名片、纸笔)。销售顾问工作夹里必须按顺序放置包括名片、笔、报价单在内的以下资料:各车型单页、报价单、车型优惠信息、试乘试驾协议、试乘试驾申请单、试乘试驾反馈表、按揭贷款办理指南、按揭贷款申请表和相关数据资料、保险估算表及装潢价目表、订购协议、草稿纸、客户信息登记表、交车确认表。

(4)展车和试驾车。

整备展车及试乘试驾车辆,早晨清洁展车,确保展车内部整洁,确保电量充足。每辆展车都应编号,有固定的负责人对展车形象负责。展车必须时刻保持干净(包括车胎须经过喷蜡处理)、车身及门把手无指纹印。脚垫、参数架、价格牌、"××汽车"车型铭牌,必须按规定的位置摆设。座椅要调整标准,车内无任何杂物,玻璃上无任何多余标贴。车辆必须在上午 9:30 之前擦拭完毕,展车均须解锁,能自由拉开车门。如发现展车没电,由该车负责人当日及时充电。

整备试乘试驾车辆,确保各功能正常,保证车内外清洁无异味,确保油量、电量充足,确保车贴完好,车内准备好瓶装水。

(5)心态和素养。

销售顾问保持良好的心情开始一天的工作。

①礼貌热情的言语:销售顾问与客户沟通时语气口吻应亲切礼貌、尊重友好;与客户会面 3 分钟内销售顾问应自我介绍,且询问客户称谓,敬称客户;麻烦客户或给客户造成不便时,应向客户礼貌致歉(如"麻烦您……""不好意思,您先稍等一下""很抱歉,让您久等了")。

②举止得体:销售顾问在客户面前的精神状态应朝气干练。在客户面前应注重行为举止,手势、站姿、坐姿保持得体、规范,向客户递取物品时应使用双手。

③积极专注:客户看车时,销售顾问应主动引起话题,积极与客户沟通,认真专注服务。销售顾问接待客户过程中应尽可能与客户积极沟通,不做与接待无关的事,不可让客户感觉到不受重视,在不得已必须使用手机或接听电话时应向客户致歉。销售顾问因事确实需要暂时离开时,应向客户说明原因及预计离开时长以征得客户同意,离开时长超过 5 分钟时,应找人接替陪同。

④品牌自信:在接待过程中销售顾问应让客户感受到对比亚迪品牌的认同感及自信心。提及品牌范畴话题时,应充满自信和情感地向客户进行品牌实力宣传。

⑤专业能力:销售顾问对客户提出的专业问题应积极响应、认真对待、专业作答。常见问题如下:

对于技术原理类问题,应能把核心技术原理用通俗易懂的语言给客户讲明白。

对于功能配置类问题,应熟悉车辆基本的功能、配置名称、参数范围等。

对于政策权益类问题,应能对基本的补贴、质保、置换、金融等政策权益清晰解答。

对于业务流程类问题,应熟悉上牌、贷款、置换、充电桩安装等业务流程及能够给客户提供的帮助。

对于客户疑虑担忧类问题,应善于运用积极的话术有效化解客户的担忧和疑虑,正向影响客户认知。

当销售顾问对客户提出的问题不清楚时,可坦诚表明自己还需要确认,并向客户表示歉意;了解清楚后,24h 内向客户给出准确回复。

2)门卫欢迎客户并引导停车

客户到店时门卫应及时出门欢迎客户,了解到店目的,如客户开车到店,应指引客户至停车区域,引导停车,同时通知展厅前台接待出门迎接。

3)展厅接待

销售顾问出门迎接,如下雨或烈日,应打伞至车边迎接。引导客户至展厅,了解客户属于何种到店类型(非预约初次到店、预约初次到店、再次到店或办理业务),并根据实际情况完成客户接待。

非预约初次到店客户的接待话术示范:

销售顾问(上前迎接、同时鞠躬):您好,欢迎光临比亚迪王朝网正航店。

客户:你好。

销售顾问:我是比亚迪××店的销售顾问××,这是我的名片(双手正面朝向客户递送)。您叫我小×就可以了,请问您怎么称呼?

客户:我姓张。

销售顾问(询问来店意图):张先生,您好,非常高兴能为您服务,您是看车还是办理业务?

客户:看看车。

销售顾问:好的。您预约销售顾问了吗(了解是否预约到店,如预约到店,则需及时对接相关销售顾问)?

客户:没有,就是随便看看。

销售顾问(寒暄、建立轻松舒适的氛围):今天天气挺热的,不如我们到休息区,先喝杯冷饮休息一下。

客户:好的。

销售顾问:张先生请坐(引导至洽谈桌,并主动帮客户拉座椅,客户坐下的位置应面向车辆)。店里有柠檬茶、咖啡、果汁,喝点什么(提供至少3种不同的饮品供客户选择)?

客户:来杯果汁。

销售顾问:好的,请稍等。张先生(上茶时避免手指触碰杯口,摆放到桌面后,退后一步再说话,避免口水飞溅),这是您的果汁,请慢用。

客户:谢谢。

销售顾问：今天到我们店是随便看看，还是已经有中意的车型？

客户：随便看看。

销售顾问：好的。您了解过比亚迪什么车型呢(可以顺利进入需求分析环节)？

4) 客户离店

送别客户，交换联系方式。客户离开后第一时间发信息给客户感谢来店，并推送一些经销店活动给客户，在客户关系管理系统中录入客户信息，以便后续跟进。

(二) 常见客户来店类型应对

针对不同类型的到店客户，如首次到店(预约或非预约)、再次到店、自行看车、直接询价或其他类型的客户，销售顾问应根据客户需求，采取不同应对方式。

客户进入展厅，销售顾问上前迎接：主动问候、态度恭谦、面带微笑。

1. 预约到店客户接待

销售顾问应提前在前厅或者门外等待，以示对客户的尊重。

销售顾问：××先生/女士，您好，欢迎光临！

客户：你好。

客户接待

销售顾问：我是您的预约专属销售顾问××，今天我为您服务，这边请。您要不要喝点茶水先休息一下？等会我再给您介绍。

客户：好的。

销售顾问(引导至洽谈桌，再根据客户到店目的说明下一步安排)：这边请。海豚在那边，休息一下我再带您过去亲自体验一下。/试乘试驾车辆已经帮您准备好了，休息一下为您办理手续。/今天我们经理在店里，如果您看好车，我帮您尽量申请优惠。

2. 首次到店客户接待

对于首次到店的客户，一分钟内上前接待客户，并询问来访意图。同时我们想要增加成交率，应该通过我们热情周到的接待为客户营造轻松舒适的看车氛围，让客户愿意停留更长的时间，这样才能顺利地进入下一个环节。

销售顾问：您好，欢迎光临！您看车还是办理业务呢？

客户：看车。

销售顾问：我是本店的销售顾问××，这是我的名片(递送名片方式正确)，先生(或女士)您怎么称呼？

客户：我姓×。

销售顾问：×先生/女士，里面请，先到里面坐坐，喝杯茶，休息一下？

客户：可以。

销售顾问：这边请。今天周末，刚好有活动哦，进店扫码关注我们就能获得保温杯、雨伞等小礼品呢，您等下可以扫码关注一下(一边引领一边进行寒暄。商务礼仪指引，到洽谈桌，帮客户拉开凳子，邀请坐下)。我们店里有免费的菊花茶、茉莉花茶、纯净水，您喝点什么呢？

客户：菊花茶。

销售顾问：好的，稍等。这是我们车型资料，您可以先了解一下(图2-4)(随后去倒茶水，茶水置于托盘端到洽谈桌，上茶时避免手指触碰杯口，摆放到桌面后，退后一步再说话，避免口水飞溅)。您慢用,小心烫。您今天过来主要想看哪款车型呢?

图 2-4 提供车型资料供客户浏览

3. 再次到店客户接待

对于二次到店的客户,重点是在简短的寒暄后尽快针对客户关心的内容进入正题,满足客户的需求或解决客户的疑问。

销售顾问:×先生/女士,之前您说还想再进一步了解一下配置和试乘试驾一下,我已经帮您安排好了,试驾车也准备好了,您想先在展厅再看看车,还是去试乘试驾体验呢?

客户:先看车吧。价格比上次优惠吗?

销售顾问:×先生/女士,价格我一定会竭尽全力帮您争取更多的优惠,您放心,先看好车,再体验一下车的性能。车您满意了,再谈价格才有意义,对吧?

客户:也对。

4. 自行看车客户接待

对于客户提出自行看车的情况,销售顾问应该尊重客户,为客户留出充足的空间,不要打扰客户。这也是为客户营造一种轻松自在的看车环境,但是也应该让客户感受到,只要客户需要,随时都可以为他们提供服务。3min 之内主动上前再次接洽客户。同时,确保停留在客户的视线范围之内,如发现客户需要帮助,则主动上前提供帮助。

销售顾问:您好,欢迎光临!您看车还是办理业务呢?

客户:看车。

销售顾问:我是本店的销售顾问××,这是我的名片(递送名片方式正确),您怎么称呼?

客户:我姓×

销售顾问:×先生/女士,里面请,先到里面坐坐喝杯茶,休息一下?

客户:不用了,我想看看车。

销售顾问:好的,您想看哪款车呢?我带您过去。

客户:海豚。

销售顾问:哦!有眼光,好车,展厅就有,我这就带您过去(引领客户到海豚旁边)。您之前了解过海豚了吗?

客户:网上了解过了,到店里看看。我想自己看看。

销售顾问:好的,×先生/女士您随意看看。我在附近,有需要直接叫我,我再给您服务(站在车旁 3 米左右的地方,不打扰客户也方便客户有需要可直接叫)。

5. 直接询价客户接待

如果客户进店后直接询价议价,建议销售顾问通过与客户多沟通了解客户是否已经在其他经销商处看过车或者询过价,适当地赞美客户,在恰当的时机通过二手车置换或者金融等增值服务激发客户的兴趣,告知客户也许还有更佳的选择,恰当地切入需求分析,避免简单的议价。如果客户对这些政策以及车型都很了解,并表达强烈的购车愿望,销售顾问应在权限范围内合理报价。

销售顾问:您好,欢迎光临!您看车还是办理业务呢?

客户:看车。

销售顾问:我是本店的销售顾问××,这是我的名片(递送名片方式正确),您怎么称呼?

客户:我姓×。

销售顾问:×先生/女士,里面请,先到里面坐坐喝杯茶,休息一下?

客户:不用了,海豚车型现在优惠多少?

销售顾问:目前有一定的优惠。请问您之前到店看过车了吗?

客户:是的。

销售顾问:哦!是在我们店看的吗?

客户:在别的店了解过价格。你们店的优惠怎么样?

销售顾问:好的,×先生/女士,要不先休息一下,先到里面坐坐喝杯茶,我也顺便先了解一下您想要的车型、配置、颜色、优惠等,优惠都是建立在这些基础上的,如何?

客户:好的。

(销售顾问引导至洽谈桌,递上相关车型资料,送上茶水)

二、任务实施

(一) 工作准备

(1) 场景准备:模拟展厅、洽谈座椅(圆桌,一桌四椅)、车型资料、名片、茶水、纸笔等。

(2) 人员准备:销售顾问着正装。

(3) 商务接待礼仪准备。

(4) 接待话术准备。

(二) 实施步骤

请根据本任务中的"知识准备",按照步骤完成以下工作内容。

(1) 完成销售顾问仪容仪表检查。

(2) 完成展厅客户接待场景布置。

(3) 完成客户接待资料准备(名片、茶水等)。

(4) 运用标准商务礼仪完成客户到店接待。

(5) 正确介绍自己。

(6) 按照客户意愿进行正确引导(至洽谈桌或展车)。

(7) 获取客户到店的基本信息(称呼、到店目的等)。

(8)提供免费茶水服务。
(9)接待过程沟通顺畅,客户感觉轻松愉快,让客户愿意留店以便于开展接下来的工作。
(10)任务完成后进行5S管理。

任务3 需求分析

任务描述

运用需求分析的方法和技巧,分析客户购买新车的需求点和关注点,能够总结客户购买需求,依据不同客户的需求重点推荐合适的车型,并顺利引入新车介绍。

一、知识准备

(一)需求分析方法

成功的汽车销售的就是准确分析出客户的购车需求,并促成交易,实现双赢。准确的需求分析可以得到客户对汽车的需求信息,是汽车展示、试乘试驾和提案成交等环节的基础,因此,应该掌握需求分析的关键要素以及需求分析的沟通技巧。

1.购车需求影响因素

1)马斯洛需要层次理论

马斯洛需求层次理论像一个五层的金字塔,从低到高,按层次逐级递升(图2-5)。通常情况下,先满足低一层级的需求,该层级需要相对满足了,就会向高一层级发展。但这样次序不是完全固定的,可以变化,会出现跨层级需求的情况。

需求分析方法和技巧

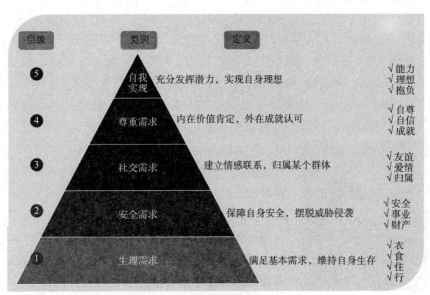

图2-5 马斯洛需求层次理论

同一时期,一个人可能有几种需要,但每一时期总有一种需要处于支配地位,对其行为起决定作用。任何一种需要都不会因为发展到更高层次需要而消失。各层次的需要相互依赖,高一层次的需要发展后,低层次的需要仍然存在,只是对行为影响的程度大大减小。

马斯洛需要层次理论针对汽车商品而言,消费者的需求层次发展趋势为:生理需求(最基本的代步)、安全需求(满足代步后安全性的要求)、社交需求(在具备一定安全性的基础上对车型档次、品牌有一定的要求)、尊重需求(将汽车作为身份地位的象征)、自我实现需求(对汽车或品牌要求以满足使用、服务、精神等更丰富的需求)五个层级。

例如,根据消费者的收入情况,购车时参考要素一般为资金和用车需求,这两者有可能资金优先,也可能需求优先,但两者均应满足,才构成购买行为。

以下为根据马斯洛需求层级理论对应的各层级的车型价格区分,价格区间不是绝对的,而与当地的经济发达情况、人民的收入水平、消费水平和习惯有较大的关系,此处列举仅供参考。

生理需求:5万~10万元,一般以上下班代步为主,仅仅提供车辆最基本的功能。

安全需求:10万~15万元,选择代步功能之外更多的功能,比如一定程度上考虑汽车的安全、质量、空间、省油、省电、性价比等因素。

社交需求:15万~25万元。考虑车辆更高级别的安全性能、质量可靠、空间充裕、省油、省电、舒适智能等因素,一定程度考虑汽车的品牌,对其知名度有一定的要求。

尊重需求:25万~35万元。考虑中高端品牌,对安全性能、质量可靠、空间充裕、舒适、智能、考虑不同车型满足的功能性需求。

自我实现需求:35万元以上。考虑高端品牌,需要高端品牌带来的档次效应,从品牌车型中获得受人尊重或证明自身的价值。

因此,汽车销售人员应该把握各层级的需求特点,有针对性地进行产品营销。

2) 显性需求和隐性需求

购买需求一般分为显性需求和隐性需求两种类型(图2-6)。这就是最著名的冰山理论。显性需求一般是水面上的易见部分,一般是在需求分析中较容易了解到的车型、配置、颜色、安全、经济、动力等信息。隐性需求则是较难了解到的,属于客户内心深处的想法,比如相互攀比、彰显地位、表达情感、追求刺激、效仿他人、展示个性。客户往往不愿意表达出隐性需求,隐性需求却往往是其选择车型的重要因素,车型无法满足其内心的隐性需求,客户往往会放弃而另选他车,因此需要通过察言观色、旁敲侧击等方式获得隐性需求。

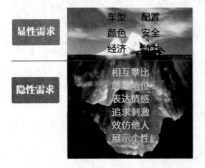

图2-6 需求分析冰山理论

2. 需求分析流程

需求分析就是销售人员通过提问获取客户信息,分析客户需求的过程。详细的需求分析是满足客户需求的基础,也是保证产品介绍有针对性的前提。

一般情况,销售人员会有针对性地了解购车预算、新车用途、新车关注点、目前用车情况、关注竞品、使用者、购买方式等关键信息,从而推荐合适的车型。

需求分析流程(图2-7)主要是获取客户信息、总结分析客户信息、提出建议车型。

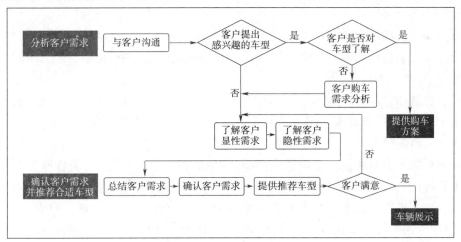

图 2-7 需求分析流程

值得注意的是：推荐目标车型时，不但应考虑客户的需求，同时应该考虑厂家、经销商的车型资源（畅销车型和滞销车型、库存车型）以及后续的衍生服务需要。而推荐衍生服务时应考虑二手车置换、保险、上牌服务、按揭服务、延保服务等。

3. 需求分析技巧

掌握观察、提问和倾听的技巧，可以更有效地获取客户需求信息。

1) 观察

注意观察：客户到店的交通工具（车型、车龄等），可以初步了解用车史；客户到店的陪同人员（家人、亲戚、朋友同事等），可以判断谁有决策权，谁有影响权；客户的目光语态（目光关注点、停留次数、频率、语态高低、语言习惯），交谈中的语态，判断客户兴趣点；客户手上相关资料（其他车型资料等），可以初步了解竞品；客户关注信息（比如多次提到的信息），可以判断此为客户重点关注的信息，也是购车时的重要影响因素。

2) 提问

提问主要掌握两种方法：一种是开放式提问方式，另一种是封闭式提问方式。开放式提问方式的主要目的是收集信息，因此尽量能给客户充分表述机会。例如：

"您是想看哪款车呢？您比较关注什么配置呢？您对于汽车有什么要求呢？您购车的主要用途是什么？你对于车载智能化设备最关注的功能是什么呢？"

如果客户不清楚自己的需求，或者没有清楚地表达需求，销售顾问可以采用封闭式提问的方式引导客户给出答案或作出选择。例如：

"因为同款车型续驶能力越大，价格越高，您是更注重续驶性能，还是性价比呢？比亚迪唐的驱动方式有纯电动和插电混动两种，您比较中意哪种呢？如果看好车型，您是计划全款，还是贷款呢？"

另外，封闭式提问方式还可以用于确认结果，往往答案有唯一性，一般是让客户根据问题进行确认或者进行选择，从而帮助销售人员进行购车需求总结。例如：

"您购车主要用于上下班代步吗？/对于车辆的动力性能要求比较高吗？/对于充电速

度要求比较高吗?/您比较关注续驶吗?/您考虑比亚迪唐纯电版吗?"

3)倾听

倾听是对他人尊敬的表现。倾听也能让对方喜欢你、信赖你,仔细倾听可以想要的信息。倾听应该鼓励客户多表达想法。例如:"您有什么想法说出来,我来帮您分析。"切记,不随意打断客户讲话,不直接否定客户观点。

倾听的表情动作:适当的表情配合动作和手势;保持与客户的眼神接触;身体微微前倾,避免出现远离客户;适当点头认同客户的观点;及时对客户的关键信息作记录。

4.需求分析关键因素

需求分析的主要目的是便于销售顾问做出准确的车型、购车方案、衍生服务推荐,因此把握需求分析的关键因素,并找到关键因素的答案,就能准确地了解客户的购车需求,从而做出准确合理的推荐。需求分析的执行技巧是通过开放性的问题引导客户表达自己的需求,通过封闭性的问题来确认客户的需求,并及时记录需求关键信息,从而根据客户的需求推荐合适的车型(图2-8)。

图2-8 需求分析

1)新车需求信息

了解车辆用途、常用人、用车场景、乘员人数等,了解购买预算。了解客户购车关注点/偏好,如外观、内饰、空间、安全、动力、操控、智能配置、舒适性、经济性、充电条件等。

销售顾问:主要是谁使用呢?

客户:我用。

销售顾问:是上下班代步吗?还是商务用?

客户:上下班用。

销售顾问:在市区用得多还是经常跑长途?或者是跑山路?

客户:在市区用比较多。跑长途的话,我觉得还是燃油车比较方便吧。

销售顾问:目前,在市区用电动车很方便了,比亚迪的电动车续驶能力基本上一个星期充电一次就够了。不过比亚迪的车型有插电混动式的,那就完全不用担心续驶了,而且又省油又省电。您有中意车型吗?

客户:还没有,所以我想来看看电动车。

销售顾问:好的,那我给您推荐一下。您比较关注哪些性能呢?比如外观、内饰、空间、安全、动力、操控、智能配置、舒适性、经济性、充电条件等。

客户:内饰当然要好看呀,空间大一点,屏幕大一点,功能多一点,不卡机。续驶能力最好强一点。对了,电池的安全性最重要。

销售顾问:比亚迪用的是刀片电池,做过严格的针刺试验,安全性能是电动车电池里面最好的。另外比亚迪的智能网联系统,网速快、没有延时、支持智能语音交互,体验感非常好。如果真的担心续驶能力,可以选择插电混动,完全无里程焦虑,待会有时间的话您可以试乘试驾体验一下。对了,方便问问您大概看什么价位车型吗?

客户:15万~20万元吧。

销售顾问:这个价位可以选择的电动车挺多的,比如比亚迪元、宋、秦,这几款价位都是10万~20万元之间。如果考虑分期的话,20万元的唐和汉都可以。主要看您的需求。

客户:我考虑SUV。

销售顾问:有很多选择。比如元、宋、唐。你可以先看看外观和内饰,更喜欢哪个车型,再进一步结合您的需求推荐具体配置。

客户:好的。

通过以上沟通,销售顾问大致可以了解到客户对于新车的需求点、关注点、和购车预算,这样可以大致筛选出符合客户需求的1~3款车型。再通过进一步需求分析客户关注的配置,或者在展示车辆的过程中帮客户总结配置,最终推荐合适的1~2款车型供客户选择。

2)客户用车经历

了解客户目前有无在用车。主要用于判断客户是首次购车还是增购,是否需要置换,是否属于车型的提升等。

(1)首次购车客户。

销售顾问:请问您现在用的是什么车呢?

客户:目前没有。

销售顾问:好的,那您有什么需求呢?我帮您推荐一下车型。

客户:考虑纯电车型。

销售顾问:现在很多人都考虑纯电的车型了。您看现在比亚迪的销量已经超过传统的燃油车品牌了,您真有眼光。请问您现在有中意的车型吗?

对于首次购车用户,主要了解对新购车型的需求。

(2)增购或换购。

销售顾问:我看您是开车过来的,现在用什么车方便了解一下吗?

客户:雅阁。

销售顾问:这车不错哦。您的眼光不错。雅阁您用着比较满意的地方是什么?

客户:这个车质量可靠,没什么毛病,也比较省油,用着比较省心。

销售顾问:的确。你用的是雅阁纯油版的还是混动版?

客户:纯油版的。

销售顾问:那有什么地方您觉得现在买车想提升一下的吗?

客户:我看现在很多人买电动车了,也想再买一辆试试。

销售顾问:原来如此,您现在是考虑再买一辆还是要置换?

客户:再买一辆。/置换吧。

销售顾问:好的,您现在考虑什么车型呢?/您现在有中意的车型吗?

增购或换购的客户,已经有用车经验的,那就多了解客户现在用的是什么车,用车感受如何,这样可以避免销售顾问举例不好的例子时列举到客户的车。

比如,对于刚才的客户,假如销售顾问可能不经意说:"谁还买日本车?不爱国。日本车'皮薄'不安全,省油的车都是因为轻。"这样客户肯定就会很不高兴,带着这样的情绪,可能就会抵触销售顾问,也不愿意表达自己的需求了。

(3)购买方式。

购买方式主要与客户的预算有关,如果客户接受分期付款,则购买的车型档次可以进一步提升、也为销售顾问带来更多的衍生服务。因此,在需求分析的过程中需要了解客户的购买方式(全款、分期)。

销售顾问:看好车型的话,打算全款还是贷款呢?

客户:全款吧。如果贷款利息低的话,也可以考虑贷款。

销售顾问:比亚迪目前有一些厂家金融贷款补贴,针对不同的车型会有免息或低息的活动,贷款买车非常的划算。省下来的钱投资多好,多得一份收入。

客户:什么免息?

销售顾问:比如××车型这个月厂家推出首付50%,分期2年零利息活动。只要首付一半的车款,另一半车款可以分24期月供,还不收利息,多划算啊!现在向哪里借钱不要利息啊?这个钱存个定期都是一笔不小的收入,更别说拿去投资了。

客户:那挺好的啊。

如果客户可以接受贷款,那么销售顾问可以推荐金融贷款衍生服务,同时也可以推荐在店购买保险和上牌一条龙服务,从而增加衍生服务带来的收入。

(4)购买时间。

购买时间会影响到销售顾问的业绩和经销店的业绩,也可能影响客户用车,比如客户现在不买,等过一阵想买的时候可能没有想要的车型,也可能没有现在的优惠政策,因此,在一般情况下,建议客户在价格合适的时机尽快订车。

销售顾问:您打算什么时候用车呢?

客户:不急,我现在有车用,等便宜点再买。

销售顾问:哦,理解理解,如果是我,肯定也是需要多看看,了解清楚车型价格才买的。不过我建议您如果能看好车型,合适的话可以早点入手,早买早享受。而且现在车市行情价格也处于一年中最低的时候,因为是年中淡季,为了完成每个季度的销量任务,现在店里也是搞了很大的优惠活动,现车目前也还是充足的,活动再过一段时间,可能车就卖得差不多了,到时候可能你想要的车型不一定有,车价可能还有所回升。所以趁现在看好车,价格合适的话,定下来是很明智的哦!

客户:这样吗?那我考虑一下。

(二)需求分析过程异议应对

在需求分析的过程中,如果在沟通的过程中不注意方法和技巧,就容易引发客户反感,不愿说出真实的想法。同时,要避免在客户有异议的时候,反驳或顶撞客户,避免因为个人表达不妥引起客户异议,这都是无法有效开展需求分析获得有效信息的。

错误示范一:

销售顾问:两位是什么关系呢?

客户:(迟疑一下)呃,我们是夫妻。

解析:需求分析一开始就问客户关系,让客户感觉很尴尬,客户之间的关系在需求分析中不是必选项,而且一般随着交流的深入,可以通过观察客户之间的交流进行判断。

正确示范一:

销售顾问:主要是谁想买车呢?

客户:我买车。

销售顾问:原来是给先生买车啊!先生真幸福。请问二位看过什么车呢?

客户:看过大众 ID6、广汽埃安。

错误示范二:

销售顾问:哦!看过这两款啊!广汽埃安都没什么名气,做新能源时间很短,质量不太行。大众 ID6 呢,性价比也不高,同样的价格,配置比我们的车低得多,还没有优惠,大众虽然是德系品牌,可是质量也不是很可靠。相对而言,我们比亚迪做新能源汽车做了那么久,质量好,现在就是新能源汽车的标杆啊!

解析:销售顾问询问客户看什么车型主要目的了解客户正在对比什么车型,了解竞品车型优势和劣势是什么,从而在做车型推荐时,重点对所售车型能满足客户需求的配置进行强调,对不满足的,要想好如何去应对或补偿。而不是诋毁竞品车型,这样只会让客户觉得销售顾问是自卖自夸,同时还觉得销售顾问在说自己没有眼光,看上的车型不好,无形中让客户产生抵触情绪。

正确示范二:

客户:最近看到比亚迪新能源挺火的,过来看看。

销售顾问:您真有眼光,比亚迪现在经常是销量榜榜首。看大家的选择就知道了。在市区用方便省钱,出去旅行也不在话下。哦!方便问问您买车的主要用途吗?是上下班代步,还是商务用途、自驾游?

客户:上下班代步,也自驾游。

销售顾问:哦!会享受生活,方便问问现在用什么车呢?

客户:现在开凯美瑞。

错误示范三:

销售顾问:凯美瑞不错呢。

解析:销售顾问问客户现用车情况之后就没有进一步了解用车情况了。实际上了解客户现用车型的目的主要是了解客户现用车情况,比如进一步了解对现用车型是否满意,满意和不满意的方面都有哪些?这会影响现在购车时的选择,比如不满意的地方,客户一定希望现在选择的车辆能尽量满足。

正确示范三：

比如问客户："这车用着感觉如何啊？"客户可能会告诉我们："这车挺省油的，质量挺好的。""是的，用过这款车的客户反馈都挺好的，我朋友以前也是开凯美瑞的。""以前吗？那他现在开什么车？""他现在换比亚迪了啊，现在开纯电比亚迪汉。他说感觉好极了，不但提速快，开着爽，电费便宜，随便开，而且这车科技感十足，比燃油车好玩多了！我自己也想换电车开开感受一下。"

这样交流不但了解到客户对于现用车的感受，也通过销售顾问朋友换车这个例子，从侧面证明客户有眼光，选择正确。

还可以问问客户是否考虑旧车置换，是增购，还是换购，以便引导和推荐旧车置换业务，比如："现在您打算换购吗？我们旧车置换补贴很高的，最高可以得补贴1.8万元呢！评估价格加上置换补贴直接就可以抵扣新车款，多方便啊！""凯美瑞还是不错的，质量可靠，用车省心，除了动力一般，总体性能还可以。所以暂时不考虑置换，打算想再买一辆，如果有需要再谈吧"。

错误示范四：

销售顾问：好的，有需要再谈。不过，丰田车的确动力一般，对动力要求高的，丰田车开着就不爽，感觉加速踏板踩到底了，动力也上不去，特别是后面有车的时候，不停地被后面的车按喇叭催，太尴尬了。电动汽车就完全没有这个问题了，提速响应非常快，轻踩加速踏板车就蹿出去了，甩其他车几十米呢。

客户：虽然电动车提速快，但是可靠性没有燃油车好，所以还是先来了解一下。

解析：销售顾问在客户说了动力一般后，除了附和说动力一般还进一步举例证明，这样容易引起客户的反感，所以客户回应说电动车可靠性不好来反驳。这样会让沟通进一步变得困难。实际上，销售顾问只需要附和认可客户对于动力一般的观点，然后可以顺水推舟地接话说："如果对动力有比较高的要求，电动车动力就很强，完全超越您对动力强劲的需求。"

正确示范四：

销售顾问：两位预算多少？

客户：20万元吧。

销售顾问：这个价位很多选择了，唐和汉都是20万元左右。唐是SUV，汉是轿车，您喜欢什么车型。

客户：还是SUV吧，空间大一些。

销售顾问：是的，唐是中大型SUV，空间是比较大的。其他配置有什么要求吗？

客户：动力强，续驶里程长。配置要高一点，液晶屏幕、智能控制系统、全景天窗等。

错误示范五：

销售顾问：您说的这些配置，唐都有的呢！液晶大屏、智能座舱、4.4秒的百米加速、智能辅助驾驶、730km的续驶里程，纯电版本的官方指导价28万元起，超出二位预算了，考虑贷款吗？如果要低一些配置的也可以，混动版本的20万元起，动力也要弱一些，有些配置就没有。

客户：那我们考虑一下吧，低配一点的多少钱？有哪些配置？

解析：销售顾问推荐了满足客户需求的配置，价格是28万元起。客户预算20万元，销售顾问考虑预算不足推荐贷款，看着是为客户着想，实则给客户的感觉是不舒服。客户会认为销售顾问看不起自己，买不起符合自己需求的车型，没必要打肿脸充胖子。另外，客户也可能会听从建议考虑价格更低的，但是又发现配置上无法满足需求，这样有可能会导致客户因不满意而放弃。

正确示范五：

销售顾问：20万元预算挺充足的，虽然这个配置要28万元，但是我们厂家贴息活动，首付4成，贷款15万元分期3年免息活动，这么算下来，20万元预算都绰绰有余呢！

客户：那可以考虑一下。

错误示范六：

销售顾问：二位打算今天订车吗？

客户：先看车，看好再说。

销售顾问：今天优惠大，不要错过哦。

解析：不要问客户是否今天订车，这会给客户很大的压力。因为客户担心不承诺订车，会得不到应有的服务，或者价格上面不会给最低价，甚至选择提前离店。

正确示范六：

销售顾问：二位打算什么时候用车呢？

客户：可能近期吧。

销售顾问：好的，可以先了解一下车型，也可以去试乘试驾体验一下，如果合适的话，可以考虑今天订，因为今天有厂家补贴，优惠幅度很大。

客户：是吗？什么优惠？

这样吸引客户看车，也吸引客户进一步想了解优惠。

有些时候，客户并不能按照我们销售流程配合我们进行需求分析，可能进店直奔主题，直接去看车，遇到这样的情况，如何了解客户的需求，从而有效地进行车辆的介绍呢？

客户进店，径直走向展厅摆放的车型。销售顾问迎上去说："你好，欢迎光临，有什么可以帮您的？""不用了，我想自己看看车。"

碰到这样的情况，销售顾问如何切入需求分析呢？

首先肯定不能拉着客户到洽谈桌坐下进行需求分析，那样一定会引起客户的反感，因此只能顺应客户的想法，让客户先看车，然后通过观察，寻找合适的机会向客户了解购车需求。

销售顾问：好的，今天过来有意向车型吗？

客户：想看看理想ONE。

销售顾问：在那边，我带您过去。引导客户去理想ONE旁边。顺势打开主驾驶位置车门。需要上去体验一下吗？

客户：好的，谢谢，我想自己看看，有需要再找你。

销售顾问：好的，您随意看，也可以试乘试驾，有问题直接叫我就好。我在前台，叫一声我就过来。

然后回到前台，在离客户不远的距离等待，不打扰客户。

如果客户看了一会,有疑问会主动向销售顾问寻求帮助,这时候就可以切入需求分析了;如果客户10多分钟没有叫销售顾问,可以主动去问问客户:"您好,看得怎么样？需要我为您介绍一下这款车的亮点吗？"一般情况下,客户看了一段时间后,会有一些疑问想解决,这时候就不会拒绝销售顾问了,这时候也可以顺利地切入需求分析。

客户:我想了解一下这车的驱动方式。

销售顾问:这车有三种驱动方式,燃油优先、油电混合、纯电优先。各有各优点,可以结合您的用车情况选择,您家适合装充电桩吗?

客户:可以,有车位。

销售顾问:可以选择纯电优先,方便且更便宜。你是在市区用比较多还是跑长途比较多?

客户:在市区用比较多。

销售顾问:那基本上可以选纯电优先了,回家就给车充电,睡一觉,第二天不跑长途,纯电模式绰绰有余。

客户:我想了解一下这车的配置。

销售顾问:好的,您想了解哪方面配置呢?

客户:续驶能力。

销售顾问:也会跑长途是吗？出游对吧？加满油它的续驶能力达到890公里呢。

客户:是的,周末会带两个孩子出去玩玩,我们比较喜欢带孩子与大自然多接触。

销售顾问:真羡慕你们。还是两个孩子了,优秀呀！理想的车辆空间对于二孩家庭太合适不过了,6座的空间布局乘坐非常舒服,而且空间非常大。

客户:的确,也是看中了这点。

销售顾问:理想的娱乐功能特别强大,孩子在路途上一定不会无聊的。

客户:是吗,那给我演示一下。

销售顾问:好的,您看这个显示屏……对了,要不要试乘试驾体验一下。

客户:好的,等下去试试。

总之,需求分析要注意灵活应对,首先应该顺应客户的意愿,为客户营造轻松愉快的氛围,让客户愉快的聊天,从而把真实想法说出来,这样也可以了解到客户的需求信息,为接下来的销售打好基础。

二、任务实施

（一）工作准备

(1)场景准备:模拟展厅、洽谈座椅(圆桌一桌四椅)、车型资料、需求分析表、纸笔等。

(2)人员准备:销售顾问着正装。

(3)商务接待礼仪准备。

(4)需求分析话术准备。

（二）实施步骤

请根据教材中的"知识准备",按照步骤完成以下工作内容。

(1)完成销售顾问仪容仪表检查。
(2)完成展厅客户需求分析场景布置。
(3)完成客户需求分析资料准备(车型信息表、价格表、金融政策文件、二手车置换宣传册、茶水等)。
(4)运用标准商务礼仪和需求分析技巧完成需求分析。
(5)按照需求分析收集到的信息推荐1~2款车型。
(6)引导看车(体验展车或试乘试驾)。
(7)需要续免费茶水能及时续杯。
(8)接待过程沟通顺畅,客户感觉轻松愉快,让客户愿意进一步了解实车。
(9)任务完成后进行5S管理。

项目三 车辆展示

任务要求

▶▶ **知识目标**

1. 掌握车辆展示的要点和执行标准。
2. 掌握车辆介绍方法。
3. 掌握试乘试驾过程中的流程和注意事项。

▶▶ **技能目标**

1. 能够针对客户需求高效展示产品卖点。
2. 能够针对不同客户需求准确进行车辆讲解。
3. 能够针对不同客户准确进行试乘试驾。
4. 能够处理常见客户异议,解决客户问题。

▶▶ **素养目标**

1. 培养诚实守信、严谨认真、团队合作的精神。
2. 注重职业道德引领,培养爱岗敬业、诚实守信、公平竞争的职业素养,恪守正确价值观和职业操守。
3. 通过小组合作完成技能训练任务,培养团队合作、敬业奉献、服务人民的精神。树立维护客户利益的观念,依法维护客户的切身利益的服务意识。

建议学时:12 课时

任务1 静态展示

任务描述

在汽车销售的过程中,车辆展示是非常重要的一步,也是说服客户购买的关键一步。通过调研发现,在展示过程中作出购买决定的客户占最终客户的70%以上,而客户作出不购买决定也是往往发生在车辆展示过程中。因此,在汽车的销售流程中,产品介绍环节的重点就是要针对客户的需求、客户的喜好以及客户关心的地方等有针对性地进行产品介绍,并通过让客户的参与使客户亲身体验是否符合自己的要求,帮助客户了解这辆车能给他带来哪些利益,从而确认这辆车就是他所需要的。只有在这时,客户才会认识到其价值,才有可能作出购买的决定。

一、知识准备

(一)新能源汽车静态展示要点与技巧

经过多项调查,发现新能源汽车的销售顾问对于车辆的静态展示的痛点主要体现在对产品不熟悉,产品讲解进行数据和功能的罗列,或进行话痨型讲解,客户都插不上嘴,缺少与客户用车场景的联想;过度关注静态的新车展示,忽略了动态新车展示的衔接,没有再次回应客户需求。同时,对于竞品的对比不熟悉,说深了有攻击之嫌,说浅了又体现不出本产品的优势。处理客户异议变成了跟客户讲道理,一直在猜测客户的心思。为了能根据客户实际的切实需求推荐符合客户需求的车,新能源汽车销售顾问要实现让客户进行动静态互动体验。

1. 车辆展示的目的

车辆展示是销售流程的关键步骤,通过这一步骤,销售顾问可以展示自己的专业知识,激发客户的购买兴趣。专业的车辆展示与介绍可以让消费者更详细了解新能源汽车,相信汽车的性能及其所带来的利益能满足客户的需要,同时也可以建立客户对销售顾问的信任。具体目的主要有以下两个方面:

(1)专业地说明新能源汽车产品的特点与为客户带来的利益,建立客户信心;

(2)解决客户可能的购买障碍,激发客户的购买欲望。

2. 车辆展示的要点

(1)注意车辆颜色的搭配。

展示区域的车辆不能只有一种颜色,几种颜色不同的车搭配效果会更好一些。

(2)注意车辆型号的搭配。

同一个品牌的汽车,可能有不同的系列;其车型也有大有小;有的车带天窗,有的车没有天窗。不同型号的车都应搭配展示。

(3)注意车辆摆放的角度。

车辆的摆放角度要让客户感觉错落有致,而不是凌乱无序。

(4)注意重点推广车辆的位置。

重点推广的车辆要将它们放在合适、醒目的位置。

(5)注意凸显产品特色。

这是体现产品差异化,提高竞争力,使客户加深印象的重要手段。

3. 产品说明方法与技巧

1)客户购车时的三类问题

(1)商务问题:有关客户采购过程中的与金额、货币、付款周期及其交接车时间有关的问题,如付款方式相关问题、价格问题。

(2)技术问题:有关汽车技术方面的常识、技术原理、设计思想、材料使用的问题。

(3)利益问题:客户关心相关汽车配置功能能给自己带来什么好处。

2)汽车产品内容

(1)造型与美观:流线型车身、车灯的设计、车灯设计。

(2)动力与操控:动力、续驶里程、悬架性能设计。

(3)舒适实用性:储物空间、人员空间、车门开启、进入的难易。

(4)安全能力:主动安全、被动安全、安全新技术的应用。

(5)超值性:空调区域、品牌、品质。

4.车辆展示的执行办法

想要执行好车辆展示与介绍环节,销售顾问需要注意以下几点:

(1)做好车辆展示与介绍的准备工作,勤加练习。

①掌握所服务的汽车品牌的商品信息,能熟练地进行六方位绕车介绍。

②充分了解竞品信息,掌握自身服务品牌的商品的对比优势。

③准备主要的商品与竞品车资料,便于向客户展示说明。

(2)充分利用各种销售工具,如商品资料、展示车辆等。

展厅内资料架上每一车型准备10页以上的商品单页,并随时补足,便于客户取阅。

(3)在进行车辆展示与介绍时,要针对客户的需求,熟练话术的相关技巧。

(4)让客户互动地参与车辆展示与介绍中来,关注客户兴趣点。

新能源汽车静态展示是汽车销售的关键环节。通过调研,客户在展示过程中作出购买决策的占最终购买的74%。然而,没有购车的客户不成交的主要决定也是在汽车静态展示的过程中发生的。在汽车静态展示过程中,客户通常会从以下三个方面来收集供其决策使用的信息:销售顾问的专业水平,销售顾问的可信任度以及产品符合内心真实需求的匹配程度。其中有两个方面是销售顾问自身的因素,因此,销售顾问是汽车产品是否能够成交的关键。

(二)新能源汽车静态展示内容与方法

目前,汽车产品的介绍视客户情况而定,通常有两种情况:一是客户无明显的兴趣点,通常最广泛采用的汽车介绍方法为六方位绕车介绍法。二是客户有明显的感兴趣点,则从客户的兴趣点开始介绍车辆,一般采用特性利益法——FABI法则进行介绍。

1.六方位绕车介绍法(图3-1)

六方位绕车介绍是指汽车销售顾问在向客户介绍汽车的过程中,销售顾问围绕车辆的车前四十五度角、正前方、右侧方、正后方、乘客舱、驾驶室六个方位进行展示,是一个比较规范化的汽车产品展示流程,作为一名优秀的汽车销售顾问,必须熟练掌握六方位绕车介绍法。无论给客户介绍哪个方位,都要提及三点:一是配置;二是优势;三是对客户的好处。这三点缺一不可,因为每一点都可能和特色有关。所以,六方位绕车介绍的目的是将产品的优势与客户的需求相结合,在产品层面上建立起客户的信心。

使用六方位绕车介绍法应注意以下几点:每个方位都会有一个最佳的站位点,销售顾问根据客户的特点进行主动引导,选择最适合介绍的亮点为客户展示;在实际工作中,六个方位,没有一定的顺序要求,应以客户的需求为出发点,客户需要销售顾问讲什么就要按照客户的要求进行讲解,要把六方位的要点融合进去;每个方位都有一定的介绍话术,要多积累和总结。

图 3-1　六方位绕车介绍方位图

1)六方位绕车介绍前的准备工作
(1)将转向盘调整至最高位置。
(2)确认所有座椅都调整回垂直位置。
(3)钥匙放在随时可取的地方。
(4)驾驶人座椅适量后移。
(5)前排乘客座椅适量后移。
(6)座椅的高度调整至最低水平。
(7)收音机选台的准备。
(8)车辆的清洁。
(9)确保车辆有电。
2)六方位介绍要点
(1)左前方 45°(图 3-2)。
汽车销售顾问面向客户,以左手引导客户参观

六方位绕车介绍

图 3-2　左前方 45°

汽车。这个方位是客户比较感兴趣的地方,这里的内容也最为丰富,客户可以仔细观察汽车的标志、前照灯、风窗玻璃以及车头的整体设计。汽车销售顾问在这个方位向客户介绍车辆时,可以引导客户站在自己的右边,以社交距离站立,不应距离过近或过远。讲到某一要点时,可以配合指引手势,强调所销售的汽车与众不同的地方,以便吸引客户的关注,让客户产生购买的兴趣。

每一款车的造型都有其与众不同的地方,如流畅明快的前舱盖线条、具有设计感的车灯、简约大气的保险杠等。不过,向客户讲太多的技术参数是没有用的,主要应使客户对车辆的品牌文化和设计理念有个宽泛的了解。

介绍重点:整车造型设计、品牌特征、所获荣誉、腰线设计、风阻系数、机舱盖设计、品牌标志设计、进气格栅设计、前照灯、刮水器、前风窗玻璃。

话术示范:

销售顾问应五指并拢,指向前舱盖和前照灯,面对客户进行详细解说。"您看,我们哪吒 U 的前脸采用富有运动感的前脸配合 L 形走向的 LED 前照灯,提升了辨识度,下包围则采用贯穿式熏黑格栅,与两翼的导流槽交相呼应,配合分体式矩阵大灯,带来浓郁的运动气息,在功能上也有效地降低风阻系数,减少了电量的损耗。"

(2)正前方(图3-3)。

介绍正前方,也就是汽车前舱时,势必涉及一些专业的数据。销售顾问可以根据客户类型区别对待。对于一些中老年客户或者一些对汽车并不是很了解的客户,只需简单向他们说明电池的原产地、续驶里程等基本资料;当遇到一些新能源车发烧友,或者年轻客户时,则需要在征询他们同意之后,引领客户站在车头前缘偏右侧,打开前舱盖,依次向客户详细介绍前舱盖的吸能性、降噪性、采用的电池类型、防护底板、电池的技术特点、充电形式等。

介绍重点:前舱盖设计(外观、开启位置、开启方式、质量、隔热隔声护板)、电池技术特点、变速器技术、散热器护板、醒目标识、铭牌,如续驶里程、驱动形式、变速器、碰撞吸能区、前保险杠等。

(3)右侧方(图3-4)。

在这个位置,客户最关心的就是安全问题,而车身部分恰好就起到关键作用,在车侧介绍时,销售顾问应将客户邀请至B柱外60～100cm的位置观看车辆,并适时争取客户参与谈话的机会,邀请他们打开车门、触摸车窗、观察轮胎,并邀请他们乘坐。

图3-3 正前方

图3-4 右侧方

介绍重点:车身尺寸、轴距、轮胎、轮毂、外侧反光镜、门把手、最小转弯半径、高强度车体、车辆的被动安全、高科技配备等,如车身结构、防撞设计、安全配置等。

话术示范:

在汽车的发展历史中,关于A柱外侧盲区所造成的问题常常被提及,A柱作为乘员舱最前方的一根立柱,对于安全性的作用不言而喻。所以,在保障A柱强度的同时又要保证驾驶人的视野面面俱到几乎是不可能的。而哪吒U正好采用了这一设计利用摄像头呈现A柱以外的状态,即透明A柱。在车身安全方面,哪吒U采用了"三环四纵五横"立体笼式架构的车身结构,让其在面对四面八方的撞击时都可以从容应对,并且凭借75%的高强钢占比等安全设计,获得了C-NCAP五星安全认证,可谓"以钢铁之躯,佑出行安全"。

(4)正后方(图3-5)。

汽车销售顾问引领客户站立在距离轿车约60cm的地方,从行李舱开始,依次介绍高位制动灯、后风窗玻璃加热装置、后组合尾灯、行李舱开启方式等。

尽管汽车的正后方是一个过渡的位置,汽车的许多附加功能可以在这里介绍,如后排座椅的易拆性、后门开启的方便性、存放物体的容积大小、汽车的尾翼、后窗刮水

六方位绕车介绍示范——车外介绍

器、备胎的位置设计、尾灯的独特造型等。重点是让客户了解车辆的尾部设计及实用性。

图 3-5　正后方

介绍重点：车尾部设计、高位制动灯、后风窗玻璃、后窗刮水器、车尾标识、行李舱开启方式、后尾灯、后保险杠、倒车雷达、行李舱容积、备胎、随车工具、停车警示牌、提示标识、音响装备，如大面积尾灯、一体式后保险杠、天线、行李舱等。

（5）乘客舱（图 3-6）。

这个方位主要是让客户体验宽敞明亮的内乘空间及车内特色的装置，这样客户才能将自身的需求与汽车的外在特性对接起来。销售顾问在这里应积极鼓励客户更多地体验汽车，激发客户想象，使客户产生希望拥有这款车的想法。

图 3-6　乘客舱

介绍重点：后排座椅（舒适、折叠、安全带、儿童锁等），后排空间，后悬架、内饰做工、车内隔声等。客户可能会对车内的一些细节做一些考究，所以要引导客户上车体验，感受后排的空间及舒适性，如轴距、座椅的舒适性、避振的设计及效果等。

话术示范：

××先生/女士，您可以到汽车的后排感受一下它的空间，长宽高分别为 4549mm、1860mm、1628mm，轴距为 2770mm，具有明显的尺寸优势，车内空间舒适充裕，很适合有大空间需求的用户。您看，它的后排配备了三条安全带，充分体现了它的人性化设计理念，现在我们交规有规定，行车路上，都必须要系好安全带，这样可以有效保证乘客安全。

（6）驾驶室（图 3-7）。

客户驾驶的乐趣和操作的基本方法主要体现在驾驶室。这一方位的介绍主要是让客户直观体验汽车，包括无钥匙进入、座椅调节和功能、门板材质、转向盘记忆、转向盘功能、仪表设计、HUD 显示、中控台材质、中控屏尺寸及功能、换挡杆设计、空调控制设计、音响品牌、储物空间、车内后视镜、侧窗玻璃设计、天窗、安全配置（气囊、主动安全、辅助驾驶级别）。

在这个方位可以询问客户有什么疑惑，鼓励客户打开车门坐进驾驶室，帮助客户试坐调整座椅，如转向盘、电动窗、中控门锁、安全带、座椅、电动后视镜等。

图 3-7 驾驶室

话术示范：

你好，哪吒，请打开空调。××先生/女士，您看，哪吒采用"四屏一芯"多维交互的智能座舱，堪比百万级车子，您来体验控制一下。同时，哪吒还是同级为数不多，不收取"智驾"月租使用费的品牌。

针对哪吒 U-Ⅱ 400Lite 三元锂 2022 款的性能参数，六方位介绍法运用见表 3-1。

六方位绕车介绍示范——车内介绍

哪吒 U-Ⅱ 400Lite 三元锂 2022 款六方位介绍　　　　　表 3-1

方位	介绍点	具体描述
左前 45°	①品牌特征	先生/女士，哪吒品牌您之前可能还不太了解，这是因为我们在"广告营销"和"踏实造车"上选择了后者，哪吒目前的销量正是因为出色的产品品质和口碑，赢得了客户的认可后一步步做出来的
	②前车灯特性	我们来具体看下哪吒 U-Ⅱ 400Lite 三元锂的设计风格也十分个性前卫，比较迎合主流年轻消费者的审美。前脸部分，造型独特的贯穿式车灯组合，可谓给人很强的视觉冲击力，两侧泪眼的造型，看起来很是犀利，夜晚点亮的时候，也让它具备了更高的辨识度和更炫酷的灯光效果
	③后视镜	后视镜不仅集成了先进的 LED 光导式转向灯，而且还新增加了加热功能，能对后视镜进行智能除霜、除雾，在寒冷的天气里为驾驶人的驾驶智能领航，不用担忧后方的视野
正前方	①动力	相信您购车，是非常关注汽车的动力的。哪吒 U 在动力方面配备最大输出功率为 120kW，峰值扭矩为 210N·m 的驱动电机。同时匹配容量为 54.34kW·h 的三元锂电池组，CLTC 续驶里程 400km。而且最快可在 30min 内充足 80% 的电池电量，让您可以真正告别高速长途续驶里程的焦虑。该车还提供了舒适模式以及经济模式以及运动模式，尤其是运动模式，起步加速更为出色，对于一款主打城市道路的车型来说，这种加速感极为适用
	②智能安全	本车搭载 HEPT 2.0 恒温电池管理系统，具有过充保护、恒温管理、高度集成（CtP75%）、热管理时间大于 20min 等功能亮点，时刻守护电池安全；哪吒 U 搭载 N95 级空气净化系统，可以对舱内 PM2.5 浓度可自动监测，并拥有负离子空气净化功能，离子浓度可到达 600 万 PCS/cm^3，是自然界森林及海滨的 100 倍，配置的 N95 级滤防认证的 HEPA 高效滤芯，有效隔离病毒、细菌、异味、微粒，保护驾乘人员的安全

续上表

方位	介绍点	具体描述
右侧方	①腰线设计	您再来看，车侧整体造型同样十分动感，类似悬浮式的车顶设计，搭配熏黑处理的柱体，营造出不俗的时尚运动氛围，配合上扬的腰线以及大尺寸的轮毂，十分符合当下的潮流审美
	②十辐双色轮圈	您是否觉得哪吒U的轮辋有什么不同之处呢？它采用了十辐双色轮圈，具有很强的运动风格，当中的黑色部分为封闭的饰板，可以有效降低风阻。再者，它还配搭全新智能胎压监控系统，您可以随时随地监测胎压是否有异常
	③安全气囊	在保证安全性能上，哪吒U搭载4个安全气囊，为您建立起独具匠心的全方位的安全保障
正后方	①贯穿式尾灯	接下来，我们再看一下汽车尾部。哪吒U车尾给人一种十分新潮的感觉，尾灯呈现出年轻的设计风格，视觉上显得比较个性、新潮。尾部设计重点突出了层次感，车顶末端配备小尺寸扰流板，增强了尾部设计的立体感，大角度倾斜的后窗配上层次丰富的尾部造型让整个车尾显得更加耐看。同时，该车采用贯穿式尾灯组，其设计与车头部位相呼应，内部匹配LED光源，点亮后的视觉效果非常不错
	②超大储物空间	在舒适度之外，哪吒U也兼顾了装载力，超大的行李舱能容纳相当多的物品，整理箱、投影仪、折叠桌椅、婴儿车、充气沙发等都不在话下，让你不必为多带少带而烦恼
乘客舱	①乘坐空间	坐上后排，您会感觉相当的舒适，因为我们这款车长宽高分别为4549mm、1860mm、1628mm，车身轴距达到2770mm，有着同级别相对主流的尺寸数据，由此也较好确保了内部乘坐空间。同时，在四轮四角的布局下，空间表现进一步拓展，腿部和头部都能获得宽敞的空间表现，中间地台设计做到全平，中央没有任何隆起，很好地保证了乘客乘坐的舒适性
	②安全配备	同时哪吒U在安全上更是想您所想，它采用爆燃式预紧安全带，汽车发生碰撞事故的一瞬间，乘员尚未向前移动时，它会立即拉紧织带，将乘员紧紧地绑在座椅上，然后锁止织带防止乘员身体前倾，有效保护乘员的安全
驾驶室	①科技感	您进入车内就能感受到哪吒U所带来的科技感，中控采用了横置线条进行设计，拉伸了内饰的视觉宽度，大面积的皮质以及金属拉丝材质的应用，使内饰质感十足。两幅式平底方向盘、旋钮式换挡机构也较为新潮。同时，双12.3寸[①]+8寸的三联屏设计更显科技感，大屏幕的使用，也使内饰物理按键更少，进一步提升了内饰的简洁感
	②智能交互功能	值得一提的是，哪吒U车钥匙还采用了手指陀螺式样式，可玩性非常高。搭配小You智能机器人，车机系统操作较为顺畅，结合现代、科技与技术的元素，达成了从来没有过的协调，无限接近于我们日常使用的安卓系统界面，远程操控汽车起动、开启空调、千里眼、OTA升级、解锁车辆等等，同时蓝牙遥控驾驶功能完美解决距离感差的停车问题。哪吒U还搭载了生命体征监测系统，车辆停止之后，监测系统如果发现车内有生物活动，便可通过手机App紧急通知车主，并且车辆自身也会发出报警提醒，通过车窗自动下降、空调同步开启通风等举措，保持车内空气流动

续上表

方位	介绍点	具体描述
驾驶室	③全景天窗	不仅如此哪吒U有超大尺寸全景天幕,车顶全由玻璃遮挡,实现超广角视野,采光区开阔,可将无限风景一览无余,静享仰望星空的惬意,高强度玻璃,安全可靠

注:①1寸=0.033m。

销售顾问在进行六方位汽车介绍结束后,应积极引导客户进行试乘试驾,对车辆进行动态的性能体验,提升客户对车辆的购买欲望。

话术示范:

××先生/女士,听我介绍了这么多,其实都不如您亲自去试乘试驾一下。您时间充裕吧?我给您办理一下手续。

六方位绕车介绍只是一个指导性的方法和工具,关键是销售顾问要对车辆的各个要点及参数非常熟悉,同时针对客户的需求和关注点进行商品说明。进行商品说明时销售顾问要保持微笑,主动、热情地为客户提供服务;在介绍过程中使用规范的站姿、走姿、蹲姿、坐姿;在介绍的时候不要忘记使用"您看""您请""请问您"等文明礼貌用语;在为客户做指引、介绍时,手臂伸出,五指并拢,自然和谐;开关车门时要注意动作力度,加强练习;客户进入展车内时,销售顾问应用手掌挡在车门框下(掌心向下,五指并拢)保护客户;爱护展车,尤其要预防车漆被客户不慎刮伤的现象出现;保持展车内外的清洁及车内饰物的整齐。如果客户手持香烟、饮料、食品等容易破坏车内清洁的物品,销售顾问应礼貌地制止其进入展车参观。

2.特性利益法—FABI法则

利用新车向客户介绍配置,如果只是简单介绍配置的功能,客户可能不感兴趣。对于汽车,销售顾问和客户的关注点是不一样的,销售顾问对汽车配置的功能很在行。但是对于客户来说,则会比较关注这个功能能否满足客户需求,能给客户带来什么利益。世界著名推销员乔吉拉德说过:客户买的不是产品,买的是利益;我们销售的不是产品,而是利益。因此,销售顾问只会讲产品功能是不够的,还要讲明利益。还要有一定的场景去支撑这样的利益,增加客户的用车代入感从而提升购买欲望。

因此,要善于利用FABI法则介绍配置给客户带来的利益,并且运用上生活化的用车场景加深印象。

1)FABI的含义

F(Feature):产品的属性、特征,产品的某种数据。

A(Advantage):优点、作用,产品如何帮助客户。

B(Benefit):能带给客户的好处和利益,满足客户需求。

I(Impact):证据、场景,视觉、感觉冲击,打动客户。

FABI法则介绍

通过以FABI法则介绍"弯道辅助照明系统"。

话术示范:

我们汽车带有弯道辅助照明系统(F),当您转动转向盘或者开启转向灯的时候,同侧的雾灯就会实时点亮(A),使您前方的视野更加明亮、开阔,提高行车安全性(B)。当您自驾游,晚上经过一些没有路灯的地方时,转弯则雾灯自动点亮,您就不用担心看不清侧方的路况了(I)。您说这个功能是不是很好用呢?

2)介绍哪吒U汽车的FABI法则示范

外观设计、尺寸介绍示范:××先生/女士,哪吒U整体设计较为犀利,前脸部位采用新能源车型常见的封闭式中网,下半部进气口则加入了主动式进气格栅,能够在一定程度上降低行驶过程中的风阻。当您开着这样一辆汽车出行时,回头率很高。如果您跟朋友一起开车聚会,也会是焦点,让您快速融入新圈子,拓展了社交范围,认识更多的朋友,您说对吧?

FABI法则示范
——车辆外部

前照灯介绍示范:哪吒U搭配了上半部贯穿式的头灯极具辨识度,两侧Y形主灯组让整个车头部位看上去更具进攻性,内部还采用远近光一体式头灯,从侧面不易观察到。贯穿式灯带延展至中间部位时有着V形内凹的设计,与上方的哪吒标识遥相呼应,看上去十分俏皮。还配备了大灯延迟关闭、IME互动呼吸灯,在车辆解锁以及充电时,以流水、闪烁、笑脸等形式展现出来,整体科幻感极为出色。当我们进入地下停车场时,光线很暗,您不清楚前方的路况,可能会存在一定的安全隐患。您锁车后,前照灯会延时关闭,照亮前方的路况。您说这个功能是不是很实用呢?

动力性能示范:哪吒U采用永磁同步电机,最大总功率达到了120千瓦,功率达到了163匹,总转矩达到了210牛·米,百公里加速只需9.5秒,动力非常强劲,提升您的驾驶体验感和安全性。试想一下,当您开着哪吒和同级别的车辆在等红绿灯时,一起步,轻踩加速踏板,就可以把其他汽车甩在身后了。在高速行驶要超车时,动力也是随叫随到,大大提升了超车的速度,让您行车更加安全性,您说是吧?

电池示范:哪吒U搭载了电池组采用了宁德时代NCM配比为811的电芯,并配备电池H-EPT2 0恒温电池管理系统,CLTC续驶里程超过400公里。试想一下,平时您通勤的路程来回50公里,我们只需要一个星期才充一次电,大大地节省了时间成本,让您使用起来更加省心安心,您说是吧?

车身安全性能话术示范:哪吒U采用"三环四纵五横"高安全车身设计,高强度钢占比20%,超高强度钢占比23%,先进高强度钢占比30%,强度为1380MPa。在危险发生时,尽可能减少车内空间变形的可能性,最大可能地保护车上人员的安全。哪吒U的透明A柱,同样是让人眼前一亮。它通过哪吒汽车自主研发的智能软件算法和外部高清摄像头,用一面在A柱内侧的OLED柔性屏,实现A柱透明可视化,减少盲区。前段时间,有位母亲开着一辆哪吒U汽车停在路边,将孩子留在车上,她去超市买点东西,突然车辆旁边的墙体发生坍塌,砸在车辆上,因为有了哪吒U"三环四纵五横"高安全车身设计的保护,车体变形不大,孩子在车内毫发无损。这足以说明哪吒汽车的安全性能,您说是吧?

电池安全话术:电池的安全性能是很多客户选择电车时的关键要素,哪吒U采用宁德时代最新研发的高比能量811电池,该电池为高镍低钴的三元动力蓄电池(正极材料用80%的镍、10%的钴和10%的锰),具有较高的能量密度,热稳定性非常好,并且经过了严苛的针刺测试,重新定义安全标准,从多层安全矩阵上,消除电池安全的忧虑,另外搭载的HEPT 2.0

恒温电池管理系统,具有过充保护、恒温管理、哪怕是寒冷的冬季,也能保障车辆的续驶能力。都能让您用车更加安心放心。

行李舱容积:××先生/女士,哪吒U的行李舱空间在同级别车辆中也是很大的呢,可以放下1个30寸箱子和2个20寸行李箱,或者5个20寸行李箱,完全可以满足客户日常出行,同时后排座椅支持整体放倒,扩展空间更优秀。您驾车自驾游时,可以轻松将行李全部放下,过年回家也能装很多年货,解决了您的后顾之忧。您看是不是很实用呢?

车内空间介绍:××先生/女士,哪吒U的后排空间非常大,达到了2700mm,领先同级别纯电动车50mm左右,领先同级别燃油车150mm左右,在四轮四角的布局下,空间表现进一步拓展,腿部和头部都能获得宽敞的空间表现.您看您一米七五的个子坐进去,头部还有两个拳头的距离,腿部有四个拳头的距离,可以轻松跷起二郎腿。并且您看到,我们的中间地台设计做到了全平,中央没有任何隆起,您家人朋友坐在后排时空间非常充裕,就算是穿裙子的女士,坐在中间的位置也可以非常优雅的摆放双腿,很好地保障乘客的舒适性,您说我们的空间是不是很有优势呢?

全景天幕:××先生/女士,您再看一下我们独有的星幕全景天窗,车顶全由玻璃遮挡,面积是820mm×670mm,达到了0.55m^2,实现超广角视野,采光区开阔,提升乘坐舒适性,您试想一下,当带着家人去自驾游时,晚上开在郊外,坐在后排的家人,抬头就能欣赏到满天繁星,您说是不是很浪漫很惬意呢?

FABI法则示范
——车辆内部

科技配置话术示范:哪吒U具有L2.5+级智能驾驶辅助系统,以及地平线征程3高性能车规级AI芯片,拥有高速变道辅助系统HWA、前碰撞预警系统FCW、自动紧急制动系统AEB、交通标志识别系统TSR、全场景融合泊车等功能,完美支持和扩展智能座舱各类应用,如仪表屏、中控屏、空调屏等"多屏互动"、同级独有的透明A柱2.0版安全智能显示、智能寻车、高德定制化车载导航、AI视觉感知等。搭载虚拟小You3.0智能机器人、行业领先的全场景哪吒AI语音助手,AI语音识别能力全面提升,全双工连续语音交互、历史语义继承,和客户自然交流,响应更迅速,搭配多种哪吒小程序的智能生态、视听娱乐拓展等,可实现听音乐、找车位、找美食、呼叫救援等多种服务随叫随到,进一步满足家庭客户的多元化智能出行体验。只需要您说出唤醒词加上想要实现的功能,系统便能做出相应的操作,不需要您动手,非常实用,提升行车的安全性。车辆还能化身"可智能提醒的贴心小秘书"。在出行场景下,客户通过语音开启提醒任务,控制车辆硬件,实现场景化联动和人机互动,为出行带去便捷和舒适。例如,下达指令"下车时提醒我拿行李舱的行李",驻车后,打开车门,汽车会主动语音提醒"哪吒提醒你下车时记得拿行李舱的行李,即将为你打开行李舱,确定要执行吗?"若回答"确认执行",行李舱会自动解锁。您说这个功能是不是很好用呢?您试试看。

智能蓝牙车钥匙:哪吒U对车钥匙再一次进行技术升级,推出无感进入蓝牙车钥匙。只需1秒,即可轻松实现解锁、闭锁车辆,没电没网的状态下,都可正常使用。您看,当您和朋友开车出去聚会时,别的朋友都用钥匙解锁车门,而哪吒U可以用手机解锁车门,是不是特别炫酷呢?而且也不用担心忘记带钥匙了,您说是不是很实用呢?

远程遥控:哪吒还可以远程遥控车辆,如起动汽车、开启空调、升窗降窗等功能,在炎炎夏日您可以利用手机远程遥控先开启空调等车辆凉快了再上车,可以充分提高驾驶的舒适性。如果你出差在外地,其他朋友想借用您的汽车,您只需要在手机应用程序上面就可以启动车辆,朋友就可以把车开走了,非常方便。

> **课程思政**
>
> 情境引入:某天,一对夫妇来到了哪吒汽车的4S店,在与销售顾问寒暄后,双方进入了销售的环节。
>
> 销售顾问:(将这对夫妇带到车库,用手指着停在车库内的各款车型给客户介绍)这是135800元的标准型,这是142800元的舒适型。
>
> 客户:这两款车有什么不同?
>
> 销售顾问:135800元这款车没有行李舱没有电动开合、感应和记忆功能,座椅加热,后视镜折叠功能等。
>
> 客户:装一个后视镜折叠要花多少钱?
>
> 销售顾问:××××元。
>
> 客户:如果我定下来了,如何付款?
>
> 销售顾问:可以采用全款或者贷款的形式。
>
> 客户:贷款一个月要付多少?
>
> 销售顾问:如果贷款的话,先付50%,余下的分3年付清,每个月只要付××××元。如果你们的经济情况允许一次性付款,买142800元的合算。如果采用贷款方式,就没有必要买142800元的,而应该买135800元的。
>
> 案例分析:
>
> 请问:销售顾问的产品介绍会成功吗?
>
> 案例中,销售顾问为客户介绍车辆配置时,出现敷衍情况,明显违背了专业、严谨的工作作风的职业道德要求。
>
> 首先,销售顾问在为客户介绍车子时,没有对客户进行需求分析,便随便给客户介绍各款车型。其次,销售顾问对汽车介绍得不够专业,对汽车的了解不够。例如,给客户介绍两款不同价位的车型时,直接就说某一款缺少相应配置,而不是告知客户两款车差异在哪里。实际上,销售顾问的产品介绍方式很有可能会给公司带来不利的影响,会让客户质疑哪吒4S店的专业性。销售顾问没有根据客户的需求点进行选择合适客户的汽车来介绍,同时对客户提出的问题解释较为含糊。可见,销售顾问的专业、严谨的工作作风的职业要求是非常重要。
>
> 因此,正确的处理应该是:
>
> (1)正确把握客户需求,针对客户需求介绍合适客户的汽车。
>
> (2)对待产品介绍要严谨,不可出现类似于贬低客户的情况。
>
> 话术示范:
>
> 销售顾问:您好,欢迎来到我们的展厅。我是销售顾问刘兰兰,请问有什么可以帮到两位的吗?
>
> 客户:你好,我想了解一下你们的新能源汽车产品。

销售顾问：好的，您对哪个系列的新能源汽车比较感兴趣呢？方便问一下主要用途吗？

客户：我比较喜欢SUV类型的新能源汽车，主要是用来代步和家庭出行。

销售顾问：代步和家庭出行是很多人选择SUV的主要原因之一。我很愿意帮助您找到适合您需求的车型。首先，我想了解一下您对于新能源汽车的具体要求和期望。您对于车辆的配置、续驶、外观、空间和舒适性等，有哪些比较关注的呢？

客户：我对新车的要求主要是节能环保，希望能够减少对环境的影响，同时希望车辆配备一些先进的安全技术、有较高的续驶里程和快速充电功能，另外，车内空间宽敞舒适，座椅舒适度和储物空间也很重要。

销售顾问：好的，非常感谢您的详细说明。根据您的需求，我向您推荐一款符合您期望的车型。这款SUV型的新能源汽车采用了最新的电动技术，具有强大的动力和高效的能源利用率。同时，它还配备了多项安全系统，如主动制动、盲点监测等，能够保障驾驶者和乘客的安全。此外，它还拥有豪华的内部配置，如真皮座椅、高级音响等，让您的驾乘体验更加舒适，这款车非常适合您的需求。您可以先试驾一下，感受一下它的性能和舒适度。

客户：听起来很不错，但是价格会不会太高了呢？

销售顾问：这个您放心，我们的车型价格是根据车辆的配置、性能、品牌、市场需求等多种因素综合考虑而定的。我们提供了不同的车型和配置，以满足客户的不同需求和预算。135800元属于标准型、142800元舒适型的车型，价格差异主要是由于配置和性能方面的不同所导致的。142800元的车型可能会配备更高级的配置和更强大的动力系统，从而提供更加出色的驾驶体验和更加舒适的乘坐感受。此外，142800元的车型可能还会拥有更多的安全和便利功能，例如行李舱具有电动开合、感应和记忆功能，座椅加热，后视镜折叠功能等等。当然这还得看您的购车预算，我才能给您推荐最合适您的车，您说是吧。

客户：如果我要装一个后视镜折叠要花多少钱？

销售顾问：对于您的这个需求，如果您现在定下来，我可以向我们领导申请，为您免费安装后视镜折叠功能。

客户：如果我现在定下来了，可以采用贷款的形式吗？

销售顾问：可以的，这个您放心。您想了解一下吗？

客户：如果我采用贷款的话一个月要付多少？

销售顾问：贷款每月需要支付的金额取决于您选择的贷款期限、贷款金额和利率等因素。一般来说，贷款期限越长，每月需要支付的金额越低，但总利息会更高；贷款期限越短，每月需要支付的金额会更高，但总利息会更低。要不这样，我请我们的信贷专员给您做一个详细的解答，我们会根据您的具体情况，帮助您计算出每月需要支付的金额和还款计划，并提供详细的费用说明。您看可以吗？

客户：好的。

案例总结：销售顾问的职业道德基本要求是专业、严谨的工作作风。

作为一名专业的汽车销售顾问,首先要具备良好品格素养,仪容仪态端庄大方,着装整洁得体、语言文明且举止优雅。同时,还要有爱岗敬业、严谨诚信、恪尽职守的工作态度以及公道正派的工作作风。这样才能让我们的客户更加信赖。

(三)新能源汽车竞品分析

竞品,顾名思义就是竞争对手的产品。

如今的市场环境,同类产品越来越相似,产品之间的差异性很小,我们必须知道怎么使最小的差别发挥出最大的作用,同时还必须知道其中的哪些差别对客户来说至关重要。当我们销售顾问采取无条理的、盲目的产品比较法,把产品的特点一个个罗列出来,和客户正考虑选择的产品比较时,实际上是在告诉客户,他什么都不懂,这样很容易流失客户。

在竞品对比环节,要遵循 ACE 的原则,循序渐进地让客户接受本品的卖点。在认可环节,主要是认可客户的观点或竞品的部分优点,而不是笼统地认可竞品。认可环节最主要的目的是不与客户产生冲突。

1. ACE 竞品比较法

所谓 ACE,就是将化解客户竞品比较的步骤分为以下三步:

(1)A,即英文单词 Acknowledge 的首字母,中文译为"认可"。关于这个词,有很多销售顾问搞不清楚,容易理解成"认同"。一字之差,含义却完全不同。认同指的是同意对方的说法。虽说销售顾问要利用同理心去尝试站在客户的角度思考问题,尽量让自己保持客观公正的形象,但并不意味着对于客户说的话,就一定百分百地赞同。

所以,认可在这里表达的是不管对方提出什么竞品,看中的是竞品的哪方面,我们都可以用一种万能式的应对来进行回答。例如:"看来您对××车和我们哪吒的××车型都还是挺关注的哈,这两款车在市场上都是这个级别中非常受欢迎的,您的眼光真不错。"

(2)C,即 Compare 比较。用一个成语来进行概括,那就是"扬长避短"。没有哪一种产品是十全十美的,那么要学会以己之长攻彼之短,转移客户的注意力。

例如:客户提出××车的续驶里程比哪吒 U 更长,销售顾问可以试着这么来回答:"从数据上来说呢,××车的续驶里程确实更长一点,但其实差别也不大。但花这么多钱买车,是不是得综合考虑一下,比如说安全、配置、口碑等。"(注意:这里说的安全、配置、口碑,一定都是我们哪吒比对手强的地方)

(3)E,即 Elevate,提升。在第二步完成比较后,可以说,从一定程度上缓解了客户对于续驶里程的过于关注,但是毕竟客户在前面已经提出××车的续驶里程比哪吒 U 更长这个问题了,所以不能一味地逃避,而需要找出汽车比竞品汽车更有优势的地方来转移客户的关注点。例如:"在安全性能这方面,我们哪吒 U 比起××车,我们更有优势,我给您详细介绍一下……"

2. 竞争车型分析遵循原则

进行竞争车型分析时应遵循以下原则:

(1)客观说明车辆的配置。

(2)不夸大事实,不恶意贬低竞品。

(3)适当提及竞品,重点强调本企业的产品更能满足客户的需求。

(4)结合反问技术,了解客户为什么喜欢竞品的车型。

(5)善于利用转折法,先肯定对方,然后通过介绍突出自己产品的优势。

(6)利用汽车网站数据、论坛客户评论和第三方测评等,全方位地向客户展示本企业产品优势,强化客户树立产品信心。

3. ACE 竞品比较法示范

示范一:听说××车型科技感更强?

A:看来您之前对车辆了解还是很多的。××车型作为新能源代表车型,还是不错的,但它是三年前的产品了。

C:哪吒 U 全系标配了与××车一样的 Pilot 3.0 智能辅助驾驶功能,但是××车仅有中高配车型才能选装,而我们哪吒 U 则是全系标配,同时哪吒 U 还有搭配了双激光雷达,最高可实现 4 级辅助驾驶(Pilot 4.0)的车型,由于××车是三年多前的产品,则无法配备最新的激光雷达技术。

E:买车不仅要关注车辆的科技配备,其他的我们也要综合考虑一下,比如像用车成本,我们哪吒 U-Ⅱ的用车成本要比××车低,首先哪吒 U-Ⅱ的首次维护是免费的,除了常规的安全检查以外,需要产生耗材的就是空调滤芯更换。维护的周期是 10000 公里,还算是比较省心的,更换的配件数量相较于市售的其他纯电车处于中等程度。不过和普通的燃油车相比较那是便宜多了。我们以每年 10000 公里的行驶里程计算,到 60000 公里,一共花费 1960 元,差不多是一些豪华品牌燃油车一次维护的价格,平均一年就是 327 元。其次是充电费用,以哪吒 U-Ⅱ的百公里电耗来计算,行驶 10000 公里大约需要 1450 度电。因为不是所有家庭都有家用充电桩条件的,所以我们不能按照普通家用电来计算,综合家用电和商业充电,以 1.5 元/度来计算,每年大约需要花费 2175 元。

像这样的比较,首先要认可客户的判断或观点,结合客户提到竞品特点,认可竞品车型公认的部分优点,结合本品特点,强调自身车型具有和竞品车型相同的优点,甚至优于竞品,并且本品还规避了竞品车型的缺点,在结尾处强调客户利益。最后,根据自身产品特点提醒客户,买车不能只关注某一方面,还要综合考虑其他方面,然后结合客户需求介绍本品卖点。

示范二:某款竞品车型在某方面表现不错(本品在该方面表现也不错)。例如:某××车也是 SUV,价格便宜,性价比高。

A:先生,现在来店的客户大多只看重外观,而您关注的是整体的性价比,说明您很懂车!××车作为该品牌的一款车,的确性价比挺高的。

C:哪吒 U 也是一款 SUV 车型,但是和××车相比,哪吒 U 无论从车身尺寸、汽车硬件技术、车辆配置来看,哪吒 U 也是非常优秀的。

E:买车不光要关注车的价格,汽车各方面技术及配置我们都要考虑一下。哪吒标配了很多××车选装的配置,同时哪吒 U 使用的是百万级轿跑车底盘才配备的双叉臂五连杆悬架结构,让您可以享受到不一般的体验。

遇到这样的比较,需要认可客户的判断或观点,根据实际情况,认可竞品车型在某一方面表现不错,销售顾问应该善于发现自家产品的优势,并通过对比、提供更多选择和强调个性化需求等策略,让客户认识到我们产品的价值和优势,从而提高购买的可能性。

在各个环节的展示中要求销售顾问在各个不同的位置应该阐述对应的汽车特征带给客户的利益,要展示出该款车型的独到之处和领先之处,并通过展示来印证这些特征满足客户利益的方法与途径,从而让客户感受次完美的驾车体验。

作为销售顾问,在向客户介绍汽车产品的过程中,要讲究方法和技巧,灵活运用,抓住重点。以上的汽车介绍法可以概括为汽车产品的五大特征,既讲个性,也讲共性。五大特征为:外形与美观、动力与操控、舒适实用性、安全性能和超值性表现。

二、任务实施

(一) 工作准备

(1) 场景准备:模拟展厅、展车、车型资料、纸笔等。
(2) 人员准备:销售顾问着正装。
(3) 商务接待礼仪准备。
(4) 新车展示话术准备。

(二) 实施步骤

请根据本任务中的"知识准备",按照步骤完成以下工作内容。
(1) 完成销售顾问仪容仪表检查。
(2) 完成展厅展车的场景布置。
(3) 运用标准商务礼仪引领客户来到展车旁边。
(4) 运用FABI法则从六个方位向客户介绍车辆。
(5) 运用ACE竞品对比法则应对客户的异议。
(6) 介绍过程中语言顺畅,客户感觉轻松愉快,让客户愿意留店以便于开展接下来的工作。
(7) 任务完成后5S管理。

任务2 试乘试驾

任务描述

销售流程的试乘试驾环节是客户获取车辆第一手材料的最好机会。通过切身的试乘试驾感受,客户可以加深对销售顾问推广说明的认同感,强化其购买信心。在试车过程中,销售顾问应让客户集中精神对车辆进行细致的体验,要避免多说话。销售顾问可以针对客户的需求购买动机来做必要的解释和说明,以增进客户的信任感。

一、知识准备

(一)试乘试驾的含义

试乘主要是指在汽车销售过程中,客户跟随试驾专员驾驶的试驾车,以体验汽车各方面性能。试驾则是在试驾专员的陪同下,沿着指定的路线驾驶指定的车辆(试乘试驾车),从而了解这款汽车的行驶性能和操控性能。

(二)试乘试驾的目的

1. 产品体验

让客户通过各种感官最直接、全面的切身体会感官冲击和真实的细节体验,动态而且感性地了解车辆有关信息。

2. 品牌宣传

让目标客户通过试乘试驾更好地认识车辆,加深对车辆的好感,同时促进品牌宣传。

3. 影响购买意愿

通过试乘试驾过程的巧妙设计和引导,体验者大多会对所试乘试驾的车辆留下良好的印象和感受,这是影响购买决定的重要因素之一。一次有效的试乘试驾将带来:真实的印象、实际的体验、购买的冲动。

4. 促进销售提升

试乘试驾,是有效的媒体推广和销售促进手段,同时也借此机遇获取目标客户线索和其对车辆的关注重点,并在试乘试驾活动中稍加引导或跟踪,便能有效促进销售的达成。

(三)试驾人员的重要性

专业的试驾专员将是成功的试乘试驾活动的策划人和组织者,他们不仅熟练掌握试乘试驾活动的流程,他们能够把握客户最想了解的信息以及知晓哪些试驾细节最能打动客户。

成功的策划和组织将包括合理的信息整合、细节设计和人员组织,这些都必须通过专业的试驾专员得以实现。试乘试驾活动的成功与否很大程度上取决于执行者与体验者的互动和沟通,因此,专业的试驾专员也将是高质量完成活动方案的执行者。激发好感的细节感受、专业的深度讲解、适宜的热情沟通都将帮助体验者尽快产生对新车的好感,并促使他们作出选择。

(四)试乘试驾体验方式

1. 店面试驾

店面试乘试驾是最常见的体验方式之一,一般就在4S店周边,针对对象主要是邀约来店的意向客户;对参与者的安排,则尽量减少试驾前的等待时间以及延长试驾后的交流时间。

2. 公路试驾

对于公路试驾,需要提前安排食宿及针对性的引导,因此,接待及组织工作相对复杂一些,针对对象主要是俱乐部会员、老客户、媒体工作者等。对参与者的安排,则突出团队的意识及安排的体贴,加强路途中的交流,同时留有合理的休息观光时间是必要的。

3. 场地试驾(深度试驾)

对于场地试驾,我们要根据实际的需求选择场所,规划具体的体验项目,针对对象主要是邀约客户(含意向客户、老客户、会员)、媒体工作者,常见的体验方式如媒体试驾会。对参与者的安排,需要考虑组织有序、接待周到、讲解细致,避免长时间等待。

(五)试乘试驾后问题的处理

试乘试驾结束后,客户一般会有两种反应:一是对试乘试驾车型的各项性能感到满意,增强了购买欲望;二是试乘试驾车型还存在一些不太满意的地方。

对于第一种情况,销售顾问应该趁热打铁,对客户特别感兴趣的地方再次重点强调说明,并结合试乘试驾中的体验加以确认。根据客户所表现出来的成交意愿,着重强调客户比较在意的特性和优点,进一步打动客户,促进成交。对暂时未能成交的客户,需要留下客户的相关信息并保持与客户的联系。

对于第二种情况,说明客户还有一些疑虑没有得到解决,销售顾问应主动询问客户对试乘试驾车辆不满意具体表现在哪些问题上,根据客户所提供的信息进行详细的解答。如果是客户对汽车的主要性能不满意,解决的办法就不是强调车型的技术特点了,可以考虑向客户介绍其他的车型。

(六)试乘试驾流程

建立规范的"试乘试驾流程"是非常必要的,现在这一点已经成为各个汽车销售企业的基本销售业务。认真地执行好该流程,是"试乘试驾"活动有效的保证。它不但是汽车销售企业整体素质的体现,也是客户在选车、购车过程的权益保障。

1. 试乘试驾准备

1)路线的选择与设计

客户在4S店进行试乘试驾活动时,所行驶的路线必须是能体现出汽车性能特点和优势的,这样的路线需要事先进行规划,这种规划工作称为线路剧本的设计。

根据情况选择试乘试驾路线图,为保证必做体验点项目的完成,路线图必须包括(但不限于)试乘试驾图上所展示的路线。当然,这些路段可能受条件限制没有连在一起,即路线图可以由几个分路段组成:

(1)90°左右转弯路段,能保证以45km左右的速度过弯。

(2)平直加速路段,保证有150m长或以上,汽车起动后可加速至60km/h或以上。

2)试乘试驾路线参考要求

(1)长度:8~12km(线路可重复循环);线路起点距经销商距离最好不超过3km。

(2)路况良好,车流量较小,没有堵车的现象。至少有5km的路段可以达到时速80km的要求,车道为封闭式车道(路口除外)。应包括试乘试驾所需要的所有类型的路段,但并不一定要连续路段。

(3)同时准备的试乘试驾路线至少有两条,以充分展示车辆的性能,且在路途中有一点地点便于安全换乘。

(4)通过可视化试乘试驾路线图(图3-8),向客户完整介绍试驾路线和其中的体验点。

(5)讲解过程中,应适当停顿,给客户留下思考的时间,并时刻关注客户随行同伴的反应。

(6)告知客户整个试驾所需时间、顺序(先试乘再试驾)、换手地点以及注意事项。

(7)在试乘试驾之前,再次确认客户的重点体验需求。

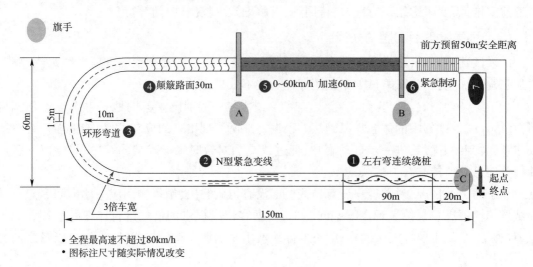

图 3-8 试乘试驾路线图

话术示范:

××先生/女士,这是我们的试驾 A 路线,您的试驾时间大约 40 分钟,试驾路线是……我们会体验汽车……功能(表 3-2)。

各车况与路况下演示重点   表3-2

演示环节	演示重点
起动与急速	介绍音响、空调等需启动后才可使用的功能;体验急速静肃性
起步时	请客户体验新能源汽车起步的响应速度、噪声、功率/转矩的输出
直线加速	加速性能、推背感、音响效果、悬架系统的平顺性
减速时	体验制动时的稳定性及控制性
高速巡航	体验电机噪声、轮胎噪声、起伏路面的舒适性、方向的稳定性
上坡时	电机转矩输出、爬坡能力、能耗表现
过弯	前风窗玻璃环视角度、前座椅的包覆性、方向准确性、过弯时车辆操控性
空旷路段	演示行驶中操控转向盘上的音响/空调/控制键的便利与安全性

3)车辆准备

(1)车辆的检查——每天进行常规检查,确保车况良好,燃油充足,停放整齐。

(2)车辆的维护——每天清洗车辆,勤加维护、上光打蜡,确保外观整洁如新,车内整洁无杂物、无异味。

(3)车辆的调整——收音机预设好频道,试乘试驾后及时将座椅、头枕、转向盘、安全带、扶手、空调等恢复到常规位置。

(4)车内必备的物品——人性化准备,如矿泉水、纸巾等。

注意:销售顾问需要对试驾车进行状态跟踪,若试驾车在店,则带领客户立刻试驾;若试驾车未在店,则询问试驾车返回时间,告知客户需要等候的大概时间,查看试驾车电量是否充足,确保处于可试驾状态。同时需要物料清点与补充,包括香氛、瓶装水、纸巾等。简单对车内外进行清理,擦去车身明显污垢,清理车内垃圾等。预先设定车辆符合客户喜好(配置、路线、音乐、氛围灯、驾驶模式),营造定制化试乘试驾体验,根据当天温度提前打开车内空调制冷/制热功能,让客户有舒适的温度体验,同时介绍座椅良好的通风/加热功能。可以向其展示用手机 App 远程开启空调。

话术示范:

(车子被占用)"××先生/女士,非常抱歉,试驾车目前正在试驾,您还需要等待 20 分钟左右的时间。您可以到休息区稍等片刻,我帮您拿一杯饮料好吗?"

(无匹配车型)"××先生/女士,虽然您看的这款车我们没有同款型的试驾车,但是一样可以试,您主要了解这辆车的续驶能力。我已经帮您准备了一辆相同续驶里程的车型,虽然配置稍有不同,但完全不影响您试驾的感受,我带您去体验一下吧!"

4)试驾专员的准备

路线选择——事先征求客户的意见,根据客户的时间来安排试驾全程还是其中一段。

深挖亮点——结合展厅介绍的效果,针对客户感兴趣的部分深入介绍,注重动态介绍。

注意:陪同客户试乘试驾的人员(销售顾问或试驾专员)必须具有合法的驾驶执照两年以上,熟悉试乘试驾的车辆及路线,同时必须是经过系统培训的,能够掌握试乘试驾的注意事项以及试乘试驾汽车产品的介绍要点和时机,并具备处理突发事件和事故的能力。

5)文件的准备

销售顾问在进行试乘试驾前,应准备好该流程中需要使用的各种文件,如试乘试驾试协议书、试乘试驾车辆管理表、试乘试驾预约表、试乘试驾登记表、试乘试驾意见反馈表等,见表 3-3、表 3-4。

哪吒试乘试驾协议书　　　　　　　　　　　　　　　　表 3-3

试乘试驾协议书		编号:	
尊敬的客户: 　　您好!欢迎参加我公司的试乘试驾活动。试乘试驾开始前,请协助填写以下基本信息:			
经销商名称			
客户姓名		手机号	
试驾车型			
驾龄		驾驶过的车型	
试驾时间			
试驾客户驾驶证号			
试驾项目		□试乘	□试驾

续上表

试驾路线	

本人于_____年___月___日自愿_____参加汽车_____专营店开展的试驾活动,特此作如下陈述声明:
　本人在试驾过程中,将严格遵守国家及地方行车驾驶的一切法规和要求,并服从上述专营店的一切指示,做到安全、文明驾驶。尽最大努力保护车辆的安全和完好。否则,因此造成的对贵公司的一切损失,将由本人全部承担。

保证人签字:　　　　　　　　　　　　　　　　　日期:　　年　　月　　日

注:1.试驾前,试驾者需出示国家规定有效的本人C照或以上机动车驾驶证。
　　2.试驾者必须严格按照试驾路线及试驾规定行驶。
　　3.陪驾人员必须了解试驾者身体状况是否可以安排试驾(如是否为饮酒驾驶、有无精神异常和身体异常等)

哪吒试乘试驾调研表(意见表)　　　　　　　　　　　　　　　　　表 3-4

尊敬的客户:
　您好!感谢您和您的亲友试驾哪吒汽车!也感谢您给予哪吒品牌的关爱和支持!我们将耽误您几分钟时间,请您谈谈本次试乘试驾的感受,以便我们不断改进我们的产品和服务,达到您的期望!

客户姓名		联系电话	
职业		驾龄	
销售顾问		试驾日期	
试驾车型		里程	

关于本次_____汽车试驾感受,请您分四个层级评价,对我们提供的试驾服务提出建议:

类别	评价项目	客户关注点	评价结果				意见
			非常满意	满意	一般	不满	
车辆外观	外形尺寸						
	造型美感						
舒适性	乘坐舒适性						
	驾驶座椅舒适性						
	音响效果						
	空调效果						
	轮胎及胎噪						
操控性	仪表配色及辨识性						
	驾驶方便性						
	转向灵活性						
	视野						

续上表

类别	评价项目	客户关注点	评价结果				意见
			非常满意	满意	一般	不满	
安全性	驾驶安全性						
	ABS效果						
	倒车雷达						
	安全气囊						
动力性	起步加速						
	中途加速						
汽车内部感受	汽车内饰						
	工艺水平						
	内饰配色						
	内部空间						
其他	车门进出方便性						
	玻璃升降方便性						
	天窗						
	配置						

备注：

填写说明：1. 建议由客户口述意见，由销售顾问执笔填写，然后由客户签字确认。
2. 如果客户对车辆有任何意见和建议，请客户一定提出，并请我们的销售顾问在意见栏中注明。
3. 销售顾问应该关注客户对该车型最大需求点或兴趣点(关注点)的评估意见。

2. 试乘试驾前

1) 试乘试驾邀约

试乘试驾邀约主要有两种：一种是现场邀约；另一种是跟进邀约。

(1) 现场邀约。

销售顾问应尽量邀请客户当场试乘试驾，简述试乘试驾服务流程，突出试乘试驾带给客户的更直接的汽车使用感受。若首次邀请失败，间隔15分钟后，可再次突出试乘试驾带给客户更加直接的车辆感受体验，客户再次表示拒绝，则确定客户拒绝的原因，尝试添加微信后，离店后再次邀约试驾。

注意：试驾邀约需在"静态"产品介绍过程多次发起试驾邀约关联点。

话术示范一：

××先生/女士，我们哪吒U配备AR-HUD增强现实抬头显示系统，超高清的AR-HUD，能适用于AR导航、安全辅助驾驶和影音娱乐等应用场景，可以提高驾驶人的安全性和舒适性，使驾驶变得更加智能、安全、便捷。这个系统的配备，可以让驾驶人更加专注于路面，不需要分心去看仪表盘，从而减少事故的发生率。此外，AR-HUD增强现实抬头显示系统还可以提高驾驶人的注意力和反应速度，使驾驶更加轻松自如。您看是否帮您安排试驾来体验一下？

话术示范二：

××先生/女士，我觉得我们这款产品特别适合您。我看了一下这个时间段正好试驾车在店里，我想邀请您跟我一起去试驾一圈，以便亲身感受一下哪吒 U 的性能操控与智能体验，您看如何？

(2) 跟进邀约。

①离店后客户邀约。销售顾问应结合门店线索跟进流程进行持续跟进，并发起试驾邀约。若邀请失败，可再次突出试乘试驾带给客户更加直接的车辆感受体验，客户再次表示拒绝，则确定客户拒绝的原因，尝试后期再次邀约试驾。若邀约成功，则进入后续环节(结束通话后 30 分钟内试驾专员发送预约确认短信/微信)。

话术示范：

××先生/女士您好，我是哪吒客户体验中心的试驾专员李玲，给您做个简单的离店回访，不知道您现在方便吗？(客户表示可以)好的，请问您对我们 4S 店的服务感觉如何？对我们的品牌产品感觉怎么样？有考虑过进一步体验吗？

如果客户同意试乘试驾：我和您核对一下预约信息——××先生/女士，联系方式是××，试驾时间是×月×日星期×上午/下午×点。方便添加您的微信吗，我把试驾和产品相关信息发送到您的微信。

②线上邀约试驾客户。销售顾问须在客户试驾前一天拨打电话，确认客户到店情况，若预约情况发生变动应及时为客户处理。销售顾问在客户到店试驾前确认客户是否到店，若客户预约的是上午时间段，则提前 1 小时通过微信提醒客户准时到店；若客户预约的是下午时间段，则在上午 10:00 左右提醒客户。

话术示范：

您好，××先生/女士，我是哪吒客户中心的试驾专员之前为您预约了今天上午 11 点来我们店体验试驾，您会准时到店吗？(客户表示会准时到店)好的，和您确认一下，您的试驾人数为两人，您和夫人；试驾车型是哪吒 U，具体的配置到店选择，您看这边还需要修改吗？好的，那请您记得携带纸质或电子驾驶证到店，我们到时候见。祝您生活愉快！

注意事项：告知客户试驾当天须携带客户本人的驾驶证当场签署试乘试驾协议。

2) 试乘试驾手续办理

(1) 客户试驾前，需要上传客户一年以上驾龄的驾驶证(一年以内仅可体验试乘)：取得客户驾照，必须当客户面进行操作，并承诺为客户提供隐私保护。

(2) 办理《试乘试驾协议》并解释相关条款，取得认可后请客户签字确认，所有试乘试驾客户必须签署。

(3) 协助客户填写《试乘试驾协议》。

话术示范：

××先生/女士，您好，麻烦您把驾驶证或电子驾驶证给我，我需要拍照记录。麻烦您在协议上签个名，我们就可以去试驾了。

3) 试乘试驾前的注意事项

(1) 客户同意试乘试驾后必须要说的几句话：

"××先生/女士,您是准备只体验试乘,还是试乘和试驾都体验?"

"××先生/女士,有两份必要的文件需要您填一下。一份是《试乘试驾登记表》,另一份是《试乘试驾保证书》。"(说的同时向客户出示文件,并指导客户填写)

"我能复印一下您的驾驶执照吗?"

(如果客户称未带驾照)"非常感谢您对我们的车辆感兴趣。如果您没有带驾照,不用担心,您可以使用电子驾照。电子驾照是一种数字化的驾照,您可以在手机上下载相关的应用程序,将您的驾照信息保存在手机上,然后在需要时向我们展示即可。这样可以方便快捷地完成试乘试驾。您可以尝试一下,如果需要帮助,我可以为您提供指导。"

(2)在试乘试驾前向客户作概述:

(引导客户办完试乘试驾手续后,客户上车之前……)

"××先生/女士,在开始试乘试驾之前,我给您做一个简单的情况介绍。"

"我们已经为您挑选了一条比较适合试车的路线,全长大约 10 公里,等一下我会先开一圈,以便您熟悉车辆的性能特点和路线;接下来,您就可以亲自驾驶这辆车了。"

"在驾驶过程中,有两件事情要请您注意:第一是要注意安全,毕竟您的平安是最重要的;第二,在驾驶过程中,我会适时提醒您行驶的路线,这样您就完全不必担心走错路,可以尽情享受试驾的乐趣了。"

"××先生/女士,如果您没有问题的话,我们现在就上车吧。"

3. 试乘试驾中

1)试乘试驾引导上车

(1)引导客户前往试驾车。

①指引试驾车停车方向,并告知停车方位。

②试驾专员在客户离开门店前主动提醒其带好随身物品。

③出门前,可以为客户演示手机远程功能。

话术示范:

××先生/女士,您好,试驾车就停在地下停车场,稍后我带您去。您贵重物品务必随身带好,以免丢失在店里。大件物品我可以为您寄存在休息室里。这边请,××先生/女士,您看这是我们的手机远程操作功能,今天比较冷,我先为您开启空调。

(2)引导客户上车。

①试驾专员打开副驾车门,邀请客户上车,提醒客户小心头顶。

②告知客户如何自行调整座椅,提醒客户系好安全带。如有腰托调节按摩功能,协助客户完成座椅体验。

③指引瓶装水与纸巾位置,提醒客户可以随意取用。

话术示范:

××先生/女士,试驾车就停在展厅门口了,我已经提前打开了空调,并且准备了饮用水,待会试乘试驾过程中您可以享用,您这边请。这一台就是我们即将要试乘试驾的哪吒 U-Ⅱ 400Lite 了。它具有 NFC 钥匙功能,当我们带着手机轻轻地靠近后视镜 NFC 符号位置,车门就解锁了,您看是不是很方便? 好的,您请上车。小心头顶,上车后请您系好安全带,调节按钮位于座椅面靠近车门一侧,在试驾过程中,您可以根据自己的喜好随时调整。中控通道和后排都设有纸巾盒,四个车门储物格内有瓶装水,您可以随时拿取。

2)试乘

客户试乘环节重点体验原地起步、加速、直线加速、连续转弯、坏路通过、紧急制动,对客户感兴趣的功能重点展示。在每次不同体验项目前,向客户简单介绍接下来的体验重点;在急加速或者急转弯等体验项目前,提醒前后排客户系好安全带,扶稳座椅;结束后询问客户感受,并寻求认同,回答客户的疑问。

试乘过程中话术示范:

【起步前】××先生/女士,我给您简单介绍一下功能键使用,电动座椅的调节在这里,这是后视镜的调节,转向盘调节在这里,这个是一键起动,这个是换挡旋钮。我们现在准备起动汽车出发了,请您系好安全带。

【起步】轻踩制动踏板,按一下起动按钮,汽车就起动了,很容易操作,您可以感觉到驱动电机传递到车厢内的振动和噪声不算大,我们的隔声做得还不错。现在我们踩住制动踏板,把换挡旋钮扭到 D 挡,松开制动踏板轻点加速踏板就起步了,您看是不是很平稳?前面刚好有一个坡,我给您演示一下自动驻车功能,现在是停在坡道,我把制动踏板踩下去,仪表显示一个绿色的 P,代表自动驻车起作用了,您看我们汽车没有任何移动吧?要走的时候轻轻踩一下加速踏板,车子就走了,您看这个功能是不是很好用?

【提速】前面刚好没有什么车子,下面我演示一下汽车的加速,我把加速踏板轻轻踩下,您可以感觉到电机的响应速度非常积极,时速很快就上到了 50 公里,我们再继续深踩电门,您可以感觉到电机的输出速度非常线性,没有突兀感,时速很快提到了 80 公里,作为一台国民纯电动 SUV 车型,这个动力完全可以满足日常使用需求,您说是吧?

【过弯】接下来我将演示一下车辆快速过弯,来感受一下我们哪吒的底盘支撑性和稳定性,您请坐稳扶好,现在时速是 60 公里过弯,您可以感受到我们哪吒的底盘支撑性非常好,横向支撑力很好,再加上我们的座椅包裹很牢,所以快速过弯也不会感觉到车子有太大的侧倾,然后将转向盘再回位,车子也不会两边晃动,我们的身体也没有多少摆动,是吧?

【颠簸路段】前面是一段比较颠簸的路面,您可以感受一下哪吒在走这种烂路的时候底盘悬架对于这种路面颠簸的处理,非常地干脆利落,车厢内也没有太大的振动,我现在左边的轮胎经过一个小坑,您坐在右边也是没什么感觉的对吧?乘坐起来非常安静舒适。

【制动】通过了颠簸路面测试,接下来带您体验一下哪吒的制动性能。现在时速是 80 公里,您请坐好,我现在一脚制动踩到底,防抱死制动系统和电子制动分配系统介入非常及时,哪吒的制动前段比较灵敏,整个制动过程也是相当线性平稳的,并不会有特别明显的"点头"现象,紧急制动也能够给予我们足够的信心,您看车子很快就停下来了,安全带锁紧也非常及时,不会让我们有太大幅度的位移,车辆停止也非常平稳。

试乘的注意事项:

(1)客户试乘环节进行介绍时,须同步注意驾驶安全,防止危险发生;按照既定路线行驶,针对客户关心的功能进行重点讲解。

(2)到特定路段时开启特定功能讲解,并提前告知客户该功能的使用场景,提醒客户注意观看和体验,确保客户驾驶安全的前提下适当引导客户进行卖点体验。

(3) 在进行重点动态展示前,提醒客户关注,动态展示后封闭式问题确认客户感受。

(4) 讲解过程中应适当停顿,给客户留下思考的时间,并注意客户随行同伴的反应。

(5) 如客户询问,应在回答客户问题后,针对相关内容进行适当延展。

(6) 试乘体验结束后,询问客户感受,若客户提出可二次试乘。

3) 试驾

(1) 停车换手。试驾专员提前告知客户即将停车换手;换手过程中,将车辆靠路边停稳,打双闪,挂P挡,再下车。下车后,可根据客户的身材体型先大致调整一下驾驶座椅。

试驾专员下车,从车头绕至副驾一侧为客户打开车门,引导客户上下车时,须用手挡门,遇到雨天或太阳暴晒时,需主动为客户撑伞;客户下车后,试驾专员将钥匙交给客户,让客户体验"获得感",陪同客户走向驾驶室,并为客户打开车门;客户入座后,提醒客户调整座椅与后视镜,并系好安全带。

(2) 安全提醒。提醒客户安全注意事项,确认客户系上安全带,确保车内人员系好安全带,引导客户起动、挂挡、打灯、上路等操作;若客户有危险驾驶动作,应及时礼貌提醒客户安全驾驶,在强调的同时确保氛围轻松,不让客户感受到压力和紧张,鼓励客户以自如的状态进行试驾。

注意事项:

①客户驾驶过程中,除了为客户进行体验推荐之外,还需温馨提示客户注意驾驶安全;

②将钥匙保管在体验专家手中,避免试驾意外的发生;

③强调试驾安全性,换手的时候需要注意周边环境是否安全,避免试驾事故。

试乘试驾话术示范

话术示范:

前面的路边就到了我们本次试乘试驾的换乘点,接下来由您来驾驶。××先生/女士,我们现在抵达换手区域,您下车前请注意后方来车,确保安全后再开车门,下车后请您从车头部绕到驾驶侧。这是车钥匙请您随身携带,您也可以感受下我们钥匙的质感。

(客户坐入驾驶室)您可以根据您自己的驾驶喜好来调整座椅、转向盘、后视镜等位置。

本次试驾请您务必注意行车安全,试驾过程中安全文明驾驶。过程中有任何疑问您随时和我沟通,但为确保驾驶安全,我会将问题记录下来,待会儿驾驶结束后为您一一解答。

(3) 试驾体验。

动静态感受:客户在车内调整完成后,先邀请客户感受加速踏板与制动踏板之间的距离,并提醒操作转向灯,并驶入正常通行车道;引导客户挂挡起动,针对客户需求,进行车辆特定亮点功能的讲解;在行驶初期,可以提醒客户保持低速行驶,并引导客户关注车辆的安全提示功能,讲解亮点功能;在讲解亮点功能时,若客户提及新能源汽车与燃油车进行比较,试驾专员应实事求是,强调电车的优势所在。

注意事项:客户驾驶过程中,除了为客户进行体验推荐之外,还需温馨提示客户注意驾驶安全。

4.试乘试驾后

1)停车

(1)试驾车回到地下停车场时,试驾专员邀请客户体验记忆停车功能。

(2)根据实际情况,引导客户完成操作。

话术示范:

××先生/女士,本次试驾的路线到这里就告一段落了,请您按××路线原路返回,我们将驶回出发地进行汽车停靠。同时,您可以开启记忆停车功能,感受我们的车辆自动停车,您看是不是非常方便。

2)试驾结束

(1)车辆完全停稳后,询问客户是否还有其他问题。

(2)若客户表示可以结束,则邀请客户对试驾体验进行评价。

(3)试驾专员先下车,为客户打开车门,提醒客户携带随身物品。

(4)试驾专员在销售系统试驾界面点击试驾结束。

注意事项:

①进入地下停车场时,温馨提示客户注意陡坡。

②在体验停车位充电时,注意周围过往汽车,保障安全。

话术示范:

××先生/女士,非常感谢您和我一起完成本次试驾体验。关于试驾您还有其他问题吗?如果没有了,我们有一个试驾体验评价表麻烦您帮我们反馈一下,谢谢您!

相信您一定体会到了哪吒的高性能配置还有稳定的驾驶感。请您带好随身物品,我带您到门店稍作休息,并为您介绍一下相关权益。

3)停车场返回门店

(1)回顾试乘试驾兴奋点,强化客户体验记忆。

(2)询问客户是否有其他需要在车内体验的功能,可以回门店静态感受。

(3)随时关注客户提出疑问,并及时给予专业解答。

(4)围绕客户关注的性能和配置,尽量使用封闭式问题,引导客户认同。

4)门店交流

(1)满意度填写。指导客户完成试乘试驾体验满意度评分。

①若客户满意度评分高,尝试成交。

②若客户满意度评分低,则赠送礼品,进行沟通与安抚工作,询问满意度低的原因,并协助解决问题。

话术示范:

××先生/女士,请您用手机帮我填写一下本次试乘试驾的满意度评分;看来您对我们的服务还是非常认可的,您看要不我协助您在手机应用程序上进行下单操作?

(2)尝试邀请下定。

①鼓励客户先付定金。

②强调当前的购买权益。

话术示范:

××先生/女士,如果您现在下定的话,可以有××权益,在手机应用程序上操作非常方便,您要是对这款车感觉还不错的话,可以考虑先付定金。这样交车排程就会靠前,您就能尽快开上新车了。

5) 试乘试驾后续跟进

试驾后24小时回访:

(1) 试驾专员(或者销售顾问)询问客户昨日服务与试乘试驾体验感受,询问购买意愿与后续购车计划。

(2) 记录客户对试驾专员的服务认可度与建议,更新在销售系统中。

(3) 若客户较为积极,可沟通鼓励客户先付定金,并介绍购买权益。

话术示范:

××先生/女士您好,我是哪吒用户中心的试驾专员(销售顾问)李玲,给您做一个简单的3~5分钟的回访,想请问一下您昨天试驾感受怎么样?您昨天试乘试驾体验充分吗?如果需要,您可以带家人或朋友再来体验一下。

6) 试驾后注意事项

(1) 邀请客户与试乘试驾车合影。

(2) 请客户填写"试乘试驾客户信息及意见反馈表"。

(3) 针对客户特别感兴趣的性能和配备再次加以说明,并引导客户回忆美好的试驾体验。

(4) 针对客户试驾时产生的疑虑,应立即给予合理和客观的说明。

(5) 利用客户试驾后,对产品的热度尚未退却时,伺机引导客户进入购买商谈阶段,自然促使客户成交。

(6) 对暂时未成交的客户,要利用留下的相关的信息与客户保持联系。

(7) 对每一位客户均应热情地道别,并感谢其参与试驾。

(8) 客户离店后,试驾专员(销售顾问)应填写"试乘试驾车使用登记表"。

(9) 客户离店后,试驾专员(销售顾问)应立即清洁试乘试驾汽车。

课程思政

情境引入:2022年9月,驾龄不到一年的刘女士和朋友在参加上海某4S店的试乘试驾活动中,在驾驶试驾车在路上变道时,没有注意观察后方来车,与电动自行车相撞,造成电动自行车车损人伤。其间汽车销售公司的试驾专员在前排乘客座上,并对试驾途中进行相应的操作提示。在签订试乘试驾协议前,刘女士去上洗手间了,试乘试驾协议上的签字由销售顾问让朋友代签。

案例分析:

案例中,试驾人购买之前对试驾车不熟悉,4S店作为车辆所有者组织试乘试驾活动,以获取商业利益,理应承担起保障试驾人安全的义务。试驾专员急迫地想让客户认可汽车,未对试驾人的资质及能力进行仔细审查,同时签订试乘试驾协议也未让试驾人亲自签字,且在试驾过程中没有及时提醒客户后方情况,造成了事故的发生。对于此次事故的发生,销售顾问很明显地违反了认真严谨、一丝不苟、踏实敬业、岗位责任感、遵纪守法的职业道德。

因此，正确的做法如下：试驾专员在客户试驾前应对汽车性能、操作进行详尽说明，使试驾人熟悉汽车后再驾驶上路；同时尽量选择路况好、汽车相对少的安全路段作为试驾区域；将试驾路线的情况对试驾人说明，提醒试驾人需要注意的事项；在试驾人驾驶过程中，对其操作进行监督和提醒，尽量预防和减少危险的发生等。

案例总结：通过试乘试驾事故警示，销售顾问在引导客户在进行试乘试驾时，要严格遵守公司规定，要做到工作认真严谨，对待客户安全及行车安全要一丝不苟，要遵纪守法，不能为了获取潜在客户而忽视客户的人身安全。同时，不经过本人同意让他人代签字也属不当行为，这是对岗位职责的不负责。因此，企业应更加注重员工职业道德引领，引导员工严格执行相关规定操作，培养良好的职业习惯，增强爱岗敬业、遵纪守法、法治意识。

5. 试乘试驾总结

试驾活动中存在着一些常见问题，主要是因为缺少规范的流程，或者规范的流程没有执行到位。规范的流程应该是先做好试车准备，然后给客户作产品介绍，先由销售人员驾驶，然后由客户亲自驾驶，感受和确认此车的相关性能。在执行流程时一定要让客户参与和确认。

(1) 销售顾问全程陪同客户进行试乘试驾，如若不能，应与试驾专员充分沟通。

(2) 试乘试驾换乘为临时停车，应提醒客户注意安全。

(3) 可根据客户的兴趣具体调整试驾的侧重点。

(4) 更新维护客户试乘试驾信息，包括体验关注，试驾抱怨等。

与此同时，还需要掌握促进现场成交的销售技巧：

1) 营造成交环境

(1) 洽谈环境：合宜温度、不宜环境嘈杂。

(2) 接待桌椅：舒适的桌椅可引导进入成交、增长商谈时间。

(3) 茶水招待：通过服务减少抗拒。

(4) 试驾后留影：连接客户与车辆，暗示拥有的情境，并留下美好回忆。

(5) 试驾后问卷：探寻客户试驾后满意度，为成交切入点做准备。

(6) 成交要求：对表现出购买信号的客户，及时提出成交建议。

(7) 成交工具：报价单、贷款/保险资料、销售合同/订单、计算器等。

2) 创造成交机会

(1) 进行各阶段试车体验行程解说。

目的：为了让客户更好地了解汽车的性能、功能和驾驶体验，从而帮助他们作出更明智的购车决策。通过详细的解说和演示，客户可以更深入地了解汽车的各项性能指标，包括加速、制动、转向、悬挂、噪声、舒适性等，同时也可以感受到汽车在不同路况下的表现，比如城市道路、高速公路、山路等。这样的体验可以让消费者更全面地了解汽车的优缺点，从而更好地选择适合自己的车型。

(2) 各项试乘项目后解说。

目的：引导客户认同，加深客户印象；认可汽车，为成交铺路。

3) 密切注意成交信号

试乘试驾中客户通过语言、行动、表情透露出来的购买意图。客户产生了购买欲望,往往不会直言说出,而是不自觉地表露其心志。

(1)语言信号。

客户询问各项参数、价格、竞争对手的比较、售后服务、交车时间、交车手续、维修费用、保养方法、操作注意事项等。具体如下:

请问这部车配置几个安全气囊?

请问这部车的续驶能力如何呢?

这车维修配件费用贵不贵?

请问定速巡航是如何控制的?

(2)动作信号。

客户频频点头、仔细观察汽车、细看说明或宣传资料、眼神变得很认真、更加注意解说的态度等。

对试驾前的行程说明特别认真听讲,甚至主动发问。

试驾后频频点头,表现出肯定表情。

客户专注观看于某项配置。

客户专注触摸于某项配置。

详细观看车辆介绍资料。

与他人交头接耳地谈论有关于车辆的配置或看法。

4) 推动客户成交的常见话术

"看起来刘先生您很喜欢开这款车哦?……我们还有一套很棒的金融服务计划,你要不要了解一下?"

"刘先生您真的是很懂行!只有真正懂车的人开车才会开出您刚才的感受。对了,您比较喜欢什么颜色?是深色系,还是浅色系的?"

"刘先生您运气真不错,刚好我们最近在做促销活动,像您这样参加试乘试驾的客人如果当场下订单,还可以获得一个额外的大礼包呢!"

5) 未能促成现场成交时的处理办法

(1)要正确认识失败,面对未能成交,心中感到沮丧,千万不要流露出失望无奈,或出现言行无礼的情况。

(2)友好地与客户告别,要继续保持热情的态度,真诚感谢客户,如"能邀请您从百忙中来参加真是非常感谢!"。

(3)预约下次成交机会,善用为客户拍摄的试乘试驾照片。

二、任务实施

(一)工作准备

(1)场景准备:复印机、试乘试驾车辆、试乘试驾协议书、试乘试驾反馈表、纸笔等。

(2)人员准备:销售顾问着正装。

(3)商务接待礼仪准备。

(4)接待话术准备。

(二)实施步骤

请根据教材中的"知识准备",按照步骤完成以下工作内容。

(1)完成销售顾问仪容仪表检查。

(2)完成试乘试驾场景布置。

(3)完成试乘试驾资料准备(试乘试驾协议书、试乘试驾调研表等)。

(4)复印客户证件。

(5)指导客户填写试乘试驾协议书。

(6)带领客户进行试乘试驾。

(7)指导客户填写试乘试驾反馈表。

(8)接待过程沟通顺畅,使客户感觉轻松愉快,愿意留店,以便于开展后续工作。

(9)任务完成后5S管理。

项目四 协商成交签订合同

任务要求

▶ **知识目标**

1. 明确协商成交及合同签订的重要性。
2. 了解协商成交及合同签订的流程。
3. 掌握协商成交中报价、方案介绍、衍生业务介绍等有关技巧。
4. 通过协商成交环节处理客户异议,提升客户价值。

▶ **技能目标**

1. 能够完成新车销售报价和相关方案介绍。
2. 能够给客户介绍衍生业务并促进成交。
3. 能够完美处理客户的异议,提升客户满意度。
4. 能够协助客户完成合同签订。

▶ **素养目标**

1. 通过购车方案的制定和报价的处理,培养学生诚实守信、公平竞争的良好精神品质。
2. 通过实操训练、工位整理,培养学生良好的职业道德和敬业精神,弘扬中华传统美德。
3. 通过小组合作的技能训练过程,培养学生团队合作、勇于创新的精神。

建议学时:6 课时

任务 1 新能源汽车购车方案推介

任务描述

新能源汽车购车方案制订包括给客户合理的报价,通过国家和地方对新能源汽车购车补贴政策的讲解促进客户成交,不同品牌还与电力公司进行合作给予客户用车充电补助,吸引客户购车。在购车方案制定中,还需要根据客户的购买需求和购买能力制订符合客户实际的购车方式,推荐客户衍生业务,提升汽车的整体销售价值。

一、知识储备

（一）报价

1. 报价的意义及原则

消费者的购车决策受到多种因素的综合影响。价格、品牌声誉、车辆性能、外观设计、内部空间布局、科技功能、燃料类型、社交影响、个人经验和品牌忠诚度等都是可能影响消费者购车决策的重要因素。每个消费者在作出购车决策时会根据自身需求、偏好和价值观进行权衡，并选择最符合自己需求的汽车。价格对于消费者（包括个人消费者、政府消费者、企业消费者）而言都是一个较为敏感的因素。消费者通常会根据自身的经济状况和预算来选择适合的汽车。价格涉及车辆的购买成本、保险费用、燃油消耗以及维修和保养费用等因素。消费者会考虑他们的财务能力和未来的经济预期，以确定他们愿意支付的价格范围。但随着新能源汽车营销模式的变化，其销售价格相较于传统燃油汽车更为透明，为全国官方报价，区别在于不同的配置价格不同。以比亚迪秦 Plus 为例，该车无论是在北京、上海还是别的城市，官方报价均为厂商指导价 9.98 万～20.99 万元，同一个城市因为不同区域的补贴政策不同，价格会略有变动。因此在报价过程中销售顾问可根据需求分析和车辆介绍后客户所选定的车型进行报价，主要采用官方报价为主，同一城市不同区由于政府补贴力度不同，价格略有波动。

一般情况下，在制定购车方案阶段就需要向客户报价，客户一般不会接受第一次报价的价格，会提出价格的异议，需要经历价格谈判过程。因此制作购车方案和价格谈判是同一过程，没有明显的界分，所以随时做好准备进行价格谈判。同时销售顾问需要了解清楚价格权限、保险精品的折扣权限以及竞争对手的价格优惠权限等。此外，在洽谈过程中销售顾问通过深入了解客户对产品的期望和竞品的情况来了解客户的心理价位。

制作购车方案
注意事项

2. 汽车价格的构成要素

（1）汽车的市场价格：厂家对市场公布的终端销售价格，该价格通常在品牌官网、垂直媒体网站等平台公布，通常体现为汽车的本身价格。对于大多数采用线上、线下相结合销售模式的新能源汽车而言，汽车市场价格均为统一的。

（2）客户的心理价格：客户的心理价格为客户所能接受的产品的价格和价值。随着消费者消费观念的逐渐理性化，客户的心理价格不仅包含了自己对产品的价格取值，还有客户对汽车品牌、服务理念、服务硬件、服务技术和配件运营等认同价值，如理想汽车的"一位专家服务全流程"的专属服务体验。

（3）最终成交价：新能源汽车的最终成交价通常是市场价格与客户心理价格之间的取值。这需要销售顾问在价格协商环节中找到两者的平衡点。这个平衡点就是最终的成交价格。

3. 报价基本流程

（1）销售顾问在需求分析及产品介绍后与客户确认车辆的型号。

①重点推荐符合客户需求的车型和配置,并解释推荐的原因和能带给客户的好处。
②运用选装配件、车型型录、宣传册、平板电脑等辅助工具来帮助客户进行选择。
③根据客户需求,与客户一同确认车型、颜色和配置组合。
④当要离开客户身边去做必要查询时,要告知客户你的去向。
⑤若库存里没有客户想要的车型、颜色和配置,根据客户需求,积极引导客户选择现车。
⑥当客户不选择现车时,告知客户新车订购流程和所需等待时间。
(2)根据客户需求拟定销售方案。
(3)制作报价单,详细说明报价内容构成、费用情况、最终落地价格等。
(4)如客户提出异议,采用CPR方法耐心给客户进行解释并调整方案,直至客户接受。
(5)形成最终的报价单。

话术示范:

客户:刚才看了比亚迪秦PLUS冠军版EV510KM领先型这个款型挺适合我的,就是不知道价格怎么样,能不能优惠。

销售顾问:××先生/女士您真是有眼光,这个款型是目前全国比较热卖的车型,目前官方报价是13.98万元。

客户:这个价格还是有点高,应该还是可以便宜一些吧,有很多客户的成交价有些可以少一万多块钱呢。

销售顾问:××先生/女士您是在哪里看到有这样的优惠呢?

客户:我在网上对比的时候看到的。

销售顾问:看来××先生/女士还是做了充分准备的呢。网上确实有些客户的成交价格是比较低,但是您看到的应该是全国不同地方的价格。您也知道咱们比亚迪汽车网上价格全国都是统一报价,但是由于咱们市内进行新能源汽车价格分区调控,不同区域价格补贴不同,而咱们区补贴是最高的,但补贴有限,先到先得。如果您今天下单,我会尽力帮您去争取到最高的补贴额度。

客户:除了补贴就没有别的优惠了吗?比如能送些什么礼包或者有什么售后服务的保障吗?

销售顾问:×先生/女士,咱们这款车无论是外观还是内饰都是比较显档次的,轴距足够长,所使用的电池是咱们比亚迪自己研制的电池,用得放心。而且现在订购可以享受终身随车免费流量,非常的实惠呢。

4.报价的原则和技巧

报价在整个价格谈判中所占的比例至少有70%,价格报好了,后期的成交谈判就水到渠成了,因此要注意报价的基本原则,掌握报价技巧。

1)能用整数就不用百分数

给客户报价过程中,需要通过一些价格的优惠来吸引客户购车,但在打出价格优惠时,能用优惠计算后的整数进行报价就不要用百分数。现在仍然有很多的店使用类似"直降20%"的促销噱头来吸引客户进店,可是直降20%和立减60000元哪个更有吸引力呢?用百分数来陈述优惠信息时,客户自己还要自己去算账,没有能直观给出优惠价格。事实上很多客户在购买产品的时候,算账能力很弱,不如直接告诉客户"今天买能优惠60000元钱"更加直接有效。除非客户强烈要求按百分比来计算,不然不要主动和他用百分比来算。

2)将大数化小数,适当给客户戴高帽

通常在第一次报价之后,客户会说"你们店的车价格太高了",这时销售顾问就需要做好进一步的引导,将购车的价格化整为零,将看似很大的数据最小化。

话术示范:

"××先生/女士,我们家这款车确实不便宜。但是您想想呀,我们家的这款车您最少要用五年吧,5年之后您卖掉,至少还能卖一半的价格,现在新车的价格是50多万元,实际上您就只花了25万元,就拥有了一辆全新的××。算下来,每年也就只花了5万块,相当于每个月花了4000元多一点而已,您这样的成功人士,身边的朋友肯定也是有头有脸有分量的朋友,4000元都不够您请他们吃一顿饭,是不是?"

3)报价要有尾数,增加真实性

心理学实验表明,92%以上的财务人员更倾向于相信2086元。因此,在报价过程中尽量不要给客户按整数报价。比如你帮客户做了购车预算方案后,报出的价格是50万元整,客户肯定会认为这里水分太多了,怎么可能刚好是50万元呢?于是就会跟你砍价,尽其所能地把你的水分给挤掉。所以,在报价过程中与其报50万元整还不如报508356元,这样的价格客户更容易接受。

(二)用电方案介绍

新能源汽车以电力作为汽车的动力来源,因此用电政策也成为吸引客户购买产品的重要手段之一。主要的用电政策包括两个方面:一是充电桩的安装政策;二是充电补贴政策。在方案制订过程中,销售顾问需要与客户介绍清楚,并通过用电方案来吸引客户购车。

1. 免费安装充电桩

对于大多数新能源汽车企业,都对首任车主赠送了免费家用充电桩以及上门安装服务,但部分品牌会进行车辆用途的限制,如比亚迪汽车只针对首任"非营运"车主。车主需要与物业以及供电局沟通后,满足安装条件,即可安排人员上门免费安装。如果不满足条件(没有固定停车位)也没关系,比亚迪汽车将终身为客户保留此权益,即可以等以后客户具备条件了再进行安装(部分车型的权益保留期限为两年)。

2. 充电优惠政策

新能源汽车虽然用车成本比较低,但如果各品牌在充电优惠方面的政策力度比较大是可以在一定程度吸引客户的注意。充电优惠政策通常有以下几种情况:

(1)政府的充电优惠。部分城市为了促进新能源汽车的消费和普及,对新能源汽车充电后进行统一打折。如江苏省无锡市推出《无锡市2023年度促进新能源汽车推广消费的若干政策措施》中,2023年新购置新能源车辆自上牌之日起,6个月内在全市"市政充电"场站可享受充电8折优惠。车主购买新能源车辆并在无锡市完成上牌后,使用车辆上牌时预留的手机号码注册"市政充电"应用程序后,在"市政充电"场站可享受充电8折优惠。上海市出台了2023年新能源汽车充电补贴政策,即日起至2023年12月31日,消费者使用符合条件的新能源汽车充电时,可享受每度电 0.5 元的补贴,每月最高不超过 100 元。

(2)品牌的免费充电政策。免费充电是在一定范围内免费,如比亚迪汽车针对首任"非营运"车主推出的福利政策,车主可以开车前往比亚迪 4S 店进行免费充电。只有在 4S 店里面才能够免费充电,其他地方是需要自付的。

(3)用电补贴政策。新能源汽车品牌与地方电力公司合作,对购买的新能源汽车进行一定时间内的充电补贴。如哪吒汽车为促进客户购买,车辆自购买之日起可享受每年一定电量的充电补贴,超出部分由客户自行承担。五菱汽车给予新能源汽车两年内每年 500 元的充电补贴等。

销售顾问在实际销售过程中,可以根据不同地方及品牌提供的用电政策给客户促进客户成交的概率。

(三)新能源汽车补贴政策介绍

新能源补贴政策是国家或地方为了促进新能源汽车的发展及消费出台的一系列政策。世界各国政府对新能源汽车(NEV),包括电动汽车(EV)、插电式混合动力汽车(PHEV)和燃料电池汽车(FCV)等实施了各种补贴政策,从直接的财政激励到免税和基础设施支持。例如,美国联邦政府根据电池容量为电动汽车提供 2500 美元至 7500 美元不等的税收抵免。加拿大为符合条件的电动汽车提供高达 5000 美元的联邦激励,一些省份以退税、免税和降低注册费的形式提供额外激励。挪威是电动汽车采用的全球领导者,近年来电动汽车占新车销量的 50% 以上。该国提供慷慨的激励措施,包括购买激励措施、免税、免费停车和使用公交专用道。此外,挪威制定了到 2025 年逐步淘汰 ICE 车辆的目标。而我国也为新能源汽车提供一系列补贴,包括购买激励、免税和免费车牌,消费者购买新能源汽车可以享受国家和地方两层次的补贴优惠,从而降低购车成本,促进消费。销售顾问也可以充分利用这些政策及政策的时效性促进客户成交。

1. 国家层面的补贴

国家的政策主要包括免征购置税、给予车企现金补助两种方式,前者主要在消费者层面可直接获利,后者通过政府给车企的补贴间接给消费者带来利益。

(1)免征购置税。为支持新能源汽车产业发展,促进汽车消费,国家工业和信息化部、财政部、税务总局联合发布了《免征车辆购置税的新能源汽车车型目录》(以下简称《目录》),列入《目录》的纯电动汽车、插电式混合动力(含增程式)电动汽车、燃料电池汽车,属于符合免税条件的新能源汽车可在规定日期之内,凭借机动车销售统一发票或海关关税专用缴款书等有效凭证,免征车辆购置税。2023 年 4 月 18 日,工信部公布《免征车辆购置税的新能源汽车车型目录》(第六十四批)。为支持新能源汽车产业发展,促进汽车消费,2023 年 6 月 19 日财政部、税务总局、工业和信息化部联合发布了 2023 年第 10 号公告,对购置日期在 2024 年 1 月 1 日至 2025 年 12 月 31 日期间的新能源汽车免征车辆购置税,其中,每辆新能源乘用车免税额不超过 3 万元;对购置日期在 2026 年 1 月 1 日至 2027 年 12 月 31 日期间的新能源汽车减半征收车辆购置税,其中,每辆新能源乘用车减税额不超过 1.5 万元。

(2)国家对新能源汽车的现金补贴。国家补贴是指国家对于符合条件的新能源汽车给予的现金补助,一般根据车型的续驶里程、耗电量、性能等因素进行测算(表 4-1)。纯电动汽车:续驶里程在250km以上的,每辆车最高可享受1.8万元的补贴;续驶里程在400km以上的,每辆车最高可享受2.5万元的补贴。插电式混合动力汽车:综合工况油耗在1.8L以下的,每辆车最高可享受1万元的补贴;综合工况油耗在1.2L以下的,每辆车最高可享受1.5万元的补贴。以燃料电池乘用车为例,每辆车最高可享受10万元的补贴。

新能源汽车补贴方案(非公共领域)(单位:万元) 表4-1

车辆类型	纯电动汽车续驶里程 R(工况法,km)		
纯电动汽车	$300 \leqslant R < 400$	$R \geqslant 400$	$R \geqslant 50$(NEDC工况)/ $R \geqslant 43$(WLTC工况)
	0.91	1.26	—
插电式混合动力(含增程式)汽车	—	—	0.48

注:1. 纯电动汽车单车补贴金额 = min{里程补贴标准,车辆带电量×280元}×电池系统能量密度调整系数×车辆能耗调整系数。
2. 对于非私人购买或用于营运的新能源汽车,按照相应补贴金额的0.7倍给予补贴。
3. 补贴前售价应在30万元以下(以机动车销售统一发票、企业官方指导价等为参考依据,"换电模式"除外)。

根据补贴的政策计算,不同续驶里程、耗电量、性能的车型国家补贴是不一样的(表4-2)。但国家补贴并不是无限制的。根据相关规定,自2023年1月1日起,对自然人在一个自然年度内出售持有时间少于1年的二手车达到3辆及以上的,汽车销售企业、二手车交易市场、拍卖企业等不得为其开具二手车销售统一发票,不予办理交易登记手续。这意味着个人二手车商将无法享受国家补贴,并且可能面临处罚。

不同续驶里程、耗电量、性能的车型国家补贴、地方补贴 表4-2

车型	续驶里程 (km)	耗电量 (°/百km)	国家补贴 (元)	地方补贴		
				北京补贴(元)	上海补贴(元)	重庆补贴(元)
比亚迪汉EV	605	13.9	25000	5000	0	3000
特斯拉Model3	668	12.6	25000	5000	0	3000
长安欧尚X7EV	401	14.4	18000	5000	0	3000
奔驰EQC	415	20.5	18000	5000	0	3000
沃尔沃XC40 Recharge	418	18.8	18000	5000	0	3000
奥迪Q5Le-tron	56	2.1	10000	5000	0	3000
宝马X1Drive25Le	110	1.8	10000	5000	0	3000
长安CS75PHEV	80	1.6	10000	5000	0	3000

2. 地方补贴

除了国家补贴,一些地方政府也出台了一些针对新能源汽车的补贴政策,以鼓励消费者

购买新能源汽车。这些地方补贴政策的具体内容和标准因地而异,但是一般都有以下两种形式:

(1)置换补贴:指消费者用旧车置换新能源汽车时,可以获得一定金额的补贴。例如,重庆市出台了2023年新能源乘用车置换补贴政策,即日起至2023年6月30日,消费者置换新能源乘用车,可获每辆车最高3000元补贴。

(2)购置补贴:指消费者购买新能源汽车时,可以获得一定金额的补贴(表4-2)。例如,北京市出台了2023年新能源汽车购置补贴政策,即日起至2023年12月31日,消费者购买符合条件的新能源汽车,可获每辆车最高5000元补贴。

(四)新能源汽车衍生业务

新能源汽车销售过程中的衍生业务也称增值业务,即通过客户在购车过程中办理金融贷款、购买保险、二手车置换、加装精品、办理延保等业务增加新车本身的价值,既可以促进销售,又可以给经销商和销售顾问带来一定的利润和提成。

1.新能源汽车金融业务

1)办理新能源汽车金融业务的意义

截至2022年底,我国新能源汽车产销分别达到705.8万辆和688.7万辆,增速分别高达96.9%和93.4%,连续8年位居全球第一。随着新能源汽车销量的不断攀升,消费群体逐渐年轻化,信贷消费观念的接受程度更高,加之国家将新能源汽车作为大力支持的重点领域,在供给端出台的双积分、税收优惠等政策进一步完善顶层设计、强化完善行业标准、推动车企加大研发投入,以支持"双碳"目标达成;在消费端延续新能源汽车免征购置税、开展新能源汽车下乡等政策以释放消费潜力。因此汽车金融业务在新能源汽车销售领域的渗透率不断提升。

新能源汽车金融业务

给客户制作购车方案时销售顾问通常需要推荐客户选择分期付款购车。客户分期付款购车对于各品牌销售业绩提升有很大的帮助。一般情况下购车客户办理分期付款通常与银行或金融机构进行贷款时,银行或金融机构会要求客户购买全面保险,而且贷款业务的车一般要求在店内进行一条龙服务,包上牌等,这也是增值业务,可以提升新车利润。从客户的角度出发,购车金融业务也可以给客户带来便利和优惠。分期的利息因选择的渠道不同而不同:品牌店分期的年化利率在3.5%~4%之间,利率处于较高的位置,但是审核宽松,比较适合个人资质条件差的客户。第三方银行分期年化利率在3%或者以下,比在品牌店分期的利率低,但对个人资质要求较高。另外,新能源汽车购车过程中首付比例较低,可减轻客户的购车压力。通常情况下汽车的购车金融政策最低首付比例在15%~30%之间,不同的贷款人首付比例会有所不同。而新能源车金融政策,首付可以低至15%,厂商的金融机构可以低至20%,银行一般实行最低首付30%。

2)新能源汽车金融服务机构的类型

传统汽车金融服务机构主要有汽车厂家金融、银行贷款及第三方贷款三种类型,但新能源汽车线上化、直达化、多元化触达购车场景的特点使汽车金融场景更多元,新能源汽车的金融产品与传统燃油车的差异主要表现在销售场景和销售模式上,前者更推崇直销,这也意味着消费者可以直接通过线上渠道获取金融服务,同时在购买汽车金融产品时,首次支出的门槛也相对更低。因此,新能源汽车消费者对汽车金融服务的需求更为旺盛。目前新能源汽车金融服务机构除了有汽车厂家金融、银行、第三方贷款外,互联网汽车金融交易平台也备受消费者喜欢,如易鑫集团、微众银行等。销售顾问需要根据客户的资质情况和实际需求给客户推荐正规的渠道进行贷款。如比亚迪汽车目前可选的贷款购车方案有三种,分别是比亚迪官方金融服务、比亚迪4s店贷款服务以及第三方金融服务。可建议客户选择比亚迪官方的金融服务,因为官方的贷款购车政策非常公开透明,免息额度比较高,可选的贷款期限最高也可支持60期,而且官方的金融服务会更加有保障。

3)汽车金融贷款业务的期限及计算方法

贷款期限通常分为三档:1年以内(含1年)、1~3年(含3年)、3~5年(含5年),如采用贷款到期一次性还本付息的,贷款期限控制在1年(含)之内。

汽车金融贷款业务主要涉及计算的款项有首付款、月还款额、贷款金额、利息等。

(1)首付款=购车款×首付比例。新能源汽车按照国家金融政策购车首付可低至15%,大大降低了客户的购车压力。以比亚迪秦PLUS EV 2023冠军版/610km卓越型为例,该车车价为17.68万元,首付比例为15%,客户的首付款仅需支付176800元×15%=26520元。

(2)贷款金额=购车款-首付款。首付越高,贷款的金额越少。

(3)月还款额的计算根据不同的还款方式、还款年限、贷款利率确定不同的还款金额。借贷人可以根据自身还款能力选择等额本息或等额本金两种还款方式进行车贷还款。贷款利率一般会在央行基准利率的基础上进行上浮,不同的银行、贷款机构规定的贷款利率不一。

中国人民银行的基准利率(2023年):

①贷款期限一年以内(含一年),贷款利率为4.35%;

②贷款期限一至五年(含五年),贷款利率为4.75%;

③贷款期限五年以上,贷款利率为4.90%。

各银行车贷的利率是在中国人民银行的基准利率上,进行一定比例的浮动执行的。但部分厂家金融为了吸引客户购车,也会采取低息甚至免息的金融贷款政策。如比亚迪推出零首付购车政策,旨在为消费者提供更优惠的购车选择,这是比亚迪在新能源汽车领域的一次重要尝试。

月还款额的计算:

a.等额本息:在还款期限内,每月偿还同等额度的本金和利息,利息不会随央行贷款的基准利率变化而调整。

月还款额=(贷款本金+贷款本金×年化利率)÷贷款期数

如,李先生购买的比亚迪秦PLUS EV 2023冠军版最终成交价格为17.68万元,首付为15%,贷款期限为3年,年化利率为10.1%,则李先生每个月的还款额计算如下:

月还款额=[(176800-176800×15%)+(176800-176800×15%)×10.1%]÷(3×12)=4596(元)

b. 等额本金：在还款期限内，每月偿还同等数额的本金和剩余贷款在该月所产生的利息。该种还款方式每月归还的本金额始终不变，利息随剩余本金的减少而减少，因而其每月还款额逐渐减少，还款利息随央行贷款的基准利率的变化而变化。

月还款额 =（贷款本金/还款月数）+（贷款本金 - 已归还本金累计额）× 每月利率

例如李先生购买的比亚迪秦 PLUS EV 2023 冠军版最终成交价格为 17.68 万元，首付为 15%，贷款期限为 3 年，当月的年化利率为 9.7%，则李先生第 12 个月的还款金额计算如下：

首先，计算贷款本金：176800 - 176800 × 15% = 150280（元）。

其次，计算每个月应还贷款本金：150280 ÷ 36 = 4174.4（元）。

再次，计算已归还本金累计额：150280 - 4174.4 × 11 = 104361.6（元）。

第 12 个月的月还款额：（150280 ÷ 36）+（150280 - 4174.4 × 11）×（9.7% ÷ 12）= 5018（元）。

其中，（150280 ÷ 36）=（贷款本金/还款月数）；

（150280 - 4174.4 × 11）=（贷款本金 - 已归还本金累计额）；

（9.7% ÷ 12）=（每月利率）。

4）办理汽车金融业务的基本流程

新能源汽车金融业务办理首先需要经过客户申请、金融服务机构审核、签订合同或购车意向书、发放贷款等步骤。

（1）客户申请。符合条件的客户向金融服务机构提交书面申请，同时提交相关支撑材料。按照中国人民银行的规定，符合购车的客户条件为：

①申请人年龄在 18~60 岁之间，具有完全民事行为能力，有有效的身份证件。

②申请人有稳定的工作和经济收入，能够按时还款。

③申请人个人信用良好，没有不良行为记录。

④申请人已经签署有效的购车合同。

⑤申请人同意银行要求的其他条件。

客户需要提供的材料根据客户的资质不同，各金融机构要求不同，提供的材料也不同，大体有以下材料：身份证、户口簿或其他有效居留证件原件及其复印件；个人征信记录；职业和经济收入证明；近 6 个月银行流水；经销商签订的购车协议或者购车意向书；金融服务机构要求提供的其他文件资料等。

（2）金融服务机构审核。金融服务机构对借款人提交的申请材料进行审核，电话确认其相关信息。

（3）签订合同。审核通过后，客户与金融服务机构签订贷款合同、抵押合同等。

（4）贷款发放。金融服务机构按照合同约定，将客户购车款项直接以转账方式划拨到汽车经营机构的账户。

5）根据不同客户情况提升汽车金融业务的成交率

在实际销售过程中并不是每一位客户都愿意办理贷款业务进行分期购车，销售顾问需要针对不同的客户群体采用不同的话术促进客户办理金融购车业务。

（1）优质客户群体如公务员、教师、医生等。此类客户具有优质的贷款资质，可以从提升客户优越感：如办理提交材料简单、办理速度快、首付低、月供压力小等优惠的条件等入手进行推荐。

话术示范：

××先生/女士，像您这样的职业背景是很好资质，属于优质客户群体，办理贷款的速度也就要比一般的客户快。而且以您的条件您完全可以申请到5年的贷款期限和15%的低首付，您只需要支付不到3万元的首付，每个月的还款也才2300元，这样就可以轻松开上这款您看好的××车啦。现在很多人都是通过按揭方式来购车的，但并不是谁都能申请到好的按揭方案。您有这么好的资质条件，通过按揭买车是很方便的。

(2) 私营业主。此类客户经济条件较好，很大一部分具备全款购车能力，但资金使用需求多样。所以对此类客户的推荐话术可从投资和合理理财的角度入手。

话术示范：

××先生/女士，现在按揭购车是一种时尚，尤其是对于您这样自己经营公司当老板的，您手里的现金应该用在可以带来回报的地方，这样会给您带来更大的事业发展和利润的收益。而购车是一种消费行为并不是投资，况且车是一个贬值很快的商品，让它占用您的宝贵资金值得吗？我们计算过，贷10万元三年共计利息为18000元，平均每年交付的利息大约是6000元。如果您把通过按揭"省"出来的这10万元用在您的生意投资上，相信每年给您带来很高的回报。这样您既没有耽误自己的生意投资也没有影响购车计划，一举两得，多划算啊！

(3) 白领、上班族。此类客户通常收入较为丰厚的一类，但不见得有大量的积蓄，而且白领客户意识往往要超前，容易接受新的事物，因此可以告知客户通过办理金融购车业务轻轻松松、提前拥有的心仪的车辆。

话术示范：

××先生/女士，拥有一辆私家车是每个小康之家所向往的，我们中国消费者的传统观念都是努力攒够了一大笔钱再一次性全款购买，这样不但延长了我们实现购车梦想的时间，也让我们在购车后压力过大，甚至影响现有的生活质量。我们的服务主题"贷动梦想"就是让您轻轻松松、提前拥有。您只需要从现有的购车储备金中拿出一小部分作为首付款，再每个月固定交纳月供就可以立刻成为有车一族。这样您手中会留有足够的资金作为生活的应急储备，谁过日子没个不时之需，手中有钱心里踏实啊。让我们专业的融资保险经理根据您的个人资质情况帮您选择一个合适的按揭方案，这样就不会给您带来过大的还款压力，更不会因为买车影响到您现有的生活质量，让您轻松地享受有车生活的乐趣。

2. 二手车置换业务

二手车置换也称旧车置换，是消费者用现有车辆的评估价值加上另行支付的车款从品牌经销商处购买新车的业务。由于参加置换的厂商拥有良好的信誉和优质的服务，其品牌经销商也能够给参与置换业务的消费者带来信任感和更加透明、安全、便利的服务，所以现在越来越多想换新车的消费者希望尝试这一新兴的业务。

1) 二手车置换的优势

客户可以选择在二手车市场或者汽车经销商处进行二手车置换，但相较于二手车市场，

经销商处二手车置换的优势更为明显:

(1)评估价格相对于二手车市场相对稳定,因为主要为辅助新车销售。

(2)有专业的二手车评估师。

(3)可以让客户做到无缝对接,无忧用车。

(4)二手车置换有补贴。

(5)过户手续等和新车手续一起包办,非常便利。

衍生业务推荐之
二手车置换

2)二手车置换流程

在二手车置换新车过程中(图4-1),首先与客户进行协商洽谈,说服客户在店内进行二手车的置换;随后联系二手车评估师对车辆的残值进行评估,并确定价格;与客户签订二手车置换合同;将旧车款抵扣新车购车款并补足余款;签订订单。

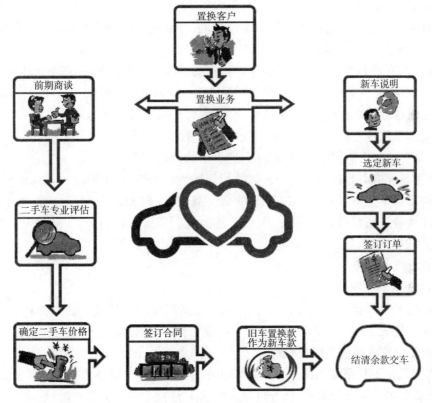

图4-1 二手车置换新车流程图

二手车置换需准备的材料:

(1)车主本人相关资料:车主须备好身份证、单位车辆还应提供法人代码证书、介绍信等证件。

(2)机动车相关资料:机动车产权登记证;机动车行驶证;原始购车发票或前次过户发票;购置附加税缴纳凭证;委托他人办理置换的,须持原车主身份证和具有法律效力的委托书。

3)二手车置换补贴

二手车置换新车补贴额度受多种因素的影响,比如旧车的残值、4S店置换政策、当地政府的补贴政策等,补贴金额大致在 2000~10000 元不等。

以北京市现行的二手车置换新车补贴政策为例,为加快老旧汽车淘汰更新,鼓励汽车消费,北京市 2023 年将继续实施乘用车置换新能源车补贴政策。在北京市以置换的形式购买新能源汽车的,根据旧车使用年限的不同,补贴金额分为两档:

(1)使用年限为 1~6 年之间的旧车置换新车,可获得 8000 元的补贴;

(2)使用年限为 6 年及以上的旧车置换新车,可获得 10000 元的补贴。

除了政府的置换补贴以外,4S 店也会额外给予一定的补贴,而且不同地区不同 4S 店的补贴标准也会不一样,如丰田 4S 店的置换补贴标准为 3000~8000 元,如果是本品牌置换,可能还会额外增加 1000~2000 元的补贴,而除了这些补贴以外,车辆的残值同样会抵扣掉部分车款。

话术示范:

销售顾问:李先生,我看您今天是开车过来的,从外观看您的爱车也开有一定年头了吧?

客户:是的,开了差不多 5 年了,6 万多公里。

销售顾问:看来李先生平时用车频率也是挺高的呢。一般汽车在使用两到三年后,车辆基本都过了质保期,汽车的发动机皮带、轮胎、制动盘等都需要更换,这需要一大笔费用,另外就是耗电量也会增加,继续使用本钱会加大,因此很多人有了换车的念头,从经济上来讲,这个时机换车是比较划算的。不知道李先生有没有这个打算呢?

客户:是有这个想法,就是不知道你们这里给的价格怎么样?

销售顾问:价格需要我们专业的评估师帮您评估后才知道,我听说我们二手车卖场昨天刚卖了一部和您车差不多的,公里数比您的低一点,卖了 52000 元。您看现在要不要帮您安排二手车评估师过来看看呢?

客户:可以。

3. 新能源汽车保险推荐

1)新能源汽车保险种类

随着近年来我国新能源汽车的迅速发展,新能源汽车保有量越来越多,加之新能源汽车结构和技术与传统燃油汽车有一定的差距,新能源汽车的保险变化也备受关注。新能源汽车的保险也是由交强险、商业险构成。

(1)交强险。不管是新能源汽车还是燃油车,在买车的时候必须要买交强险,这是国家要求的,如果车主不买这个保险,汽车也没有办法上路。

(2)商业险。汽车商业保险其实就是机动车商业保险。机动车辆商业险,是车主投保了国家规定必保的机动车辆交强险后,自愿投保商业保险公司的汽车保险。新能源汽车使用过车中购买商业保险,可以大大减小车主用车的风险和损失,如以下案例:

2021 年 4 月,一位新能源车车主报案称车辆停放在停车场发生自燃,造成自身及共同停放车辆共 6 辆车受损。经消防部门证明,事故地点为露天停车场,无外来火源,自燃车辆是 2020 年 11 月购置的新车,车辆发生自燃是在质保期内,应属车辆质量缺陷所致。了解情况后,保险公司理赔员协助报案人向 4S 店工作人员提出本次事故损失应由车辆厂商承担全部赔偿责任,最终报案人成功向厂家索赔全部损失合计 44.6 万元,并于 2021 年 4 月 20 日致电保险公司理赔销案处理。

在新能源汽车使用过程中除了传统的交通意外风险外,动力蓄电池起火、爆燃引发的重大事故构成了新的风险因素。对于这些风险,需要进行产品创新,在保险保障和保险服务上实现升级。因此,为充分发挥保险保障功能,服务国家"碳达峰、碳中和"战略目标,支持国家新能源汽车产业发展,在中国银保监会的指导下,中国保险行业协会开发了《新能源汽车商业保险专属条款(试行)》。新能源汽车商业保险专属产品于2021年12月27日正式上线。

主险:新能源车险包含新能源汽车损失保险、新能源汽车第三者责任保险、新能源汽车车上人员责任保险三大主险。在主险中车损险、第三者责任保险、车上人员责任保险,三个主险中均明确了使用过程,包括:行驶、停放、充电及作业;将"起火燃烧"纳入到了车损险、第三者责任保险、车上人员责任保险三个主险中的意外事故范围中。车损险的赔偿范围,包括:车身;电池及储能系统、电机及驱动系统、其他控制系统;其他所有出厂时的设备。

附加险:新能源汽车13个附加险包括附加外部电网故障损失险;附加自用充电桩损失保险;附加自用充电桩责任保险;附加绝对免赔率特约条款;附加车轮单独损失险;附加新增加设备损失险;附加车身划痕损失险;附加修理期间费用补偿险;附加车上货物责任险;附加精神损害抚慰金责任险;附加法定节假日限额翻倍险;附加医保外医疗费用责任险;附加新能源汽车增值服务特约条款。

主险及附加险基本涵盖了新能源汽车使用过程中可能出现的风险。新能源汽车专属条款更匹配新能源汽车的实际使用场景与风险,车损险保险责任覆盖了电池、"三电"系统等新能源汽车特有的构造,明确了社会各界广泛关注的"起火燃烧"责任,同时也通过附加险拓展了充电桩、外部电网等风险因素,在提供更全面的保险保障的同时,也更容易被理解。

销售顾问要掌握保险各险种,各险种对于客户的保障范围和使用场景,推荐客户保险险种时务必结合客户的用车情况,给客户制订购车方案的同时准备好保险方案,让客户充分了解保险的作用。

2)新能源汽车保险购买流程

新能源汽车保险购买流程与传统汽车购买流程相差不大,客户可以选择线上自主购买,也可以在店内进行购买。但为了能确保客户提车时商业保险生效,尽量推荐客户在店内进行上牌和购买保险。

(1)准备办理车险必备材料。通常新车购买保险需要有车主身份证、车辆登记证或合格证、购车发票等文件。

(2)填写保单。车主在填写保单过程中应该对保单的内容进行核实,确认保单内容无误后开始选择车险险种。

(3)确认无误后交保险费。确认保单、险种之后,车主就可以交纳保险费了。交纳保险费后需要投保人和保险人签订保险证,之后由保险公司开出收据交给投保人一份存根,保险公司也需要保留一份,这样保险手续就算是办理完成了。

3）新能源汽车保险推荐注意事项

新能源汽车保险作为车辆销售业务的一个增值点,在车辆销售过程中销售顾问需要针对不同的客户类型进行推介,提高成功的概率。

衍生业务推荐之
保险推荐

第一类为面对价格敏感型的客户,这类客户常用话语为:"你们价格太贵了,外面比你们便宜很多!"这类客户对于价格或多或少有些在意,但也注重消费过程中的品牌感受和服务保障。由于他们不太懂保险,所以才会片面关注价格。另外,由于他们对4S店推销的保险存在戒备心理,销售顾问只要能把方方面面的道理讲透,使客户真正明白店外投保的风险和品牌保险服务的保障性,让客户明白价格背后的"价值",就很容易说服这类客户。

第二类体现为"面子型"客户,常用话语为:"我亲戚(朋友)是做保险的,我买保险肯定得找他呀!"这类客户具备一定的风险意识,但并不了解车险业务的理论知识和实务操作,简单地想借这个机会去帮亲戚朋友(或盲目地信赖亲戚朋友)。因此,销售顾问需要充分利用品牌销售环境和各类助销工具,结合车险相关的基础知识,在沟通过程中充分展示品牌保险的品牌价值及服务优势。重点要做好以下几个方面:

(1)消除客户的戒备心理:明确表态不会强迫客户购买保险。

(2)专业服务:通过对车险投保两大标准:一是投保方案方面通过介绍险种组合及保额,让客户意识到自己的"不专业",引发客户警醒;二是通过投保渠道介绍不同渠道所出保单的服务保障的差异性,展现在店内投保的优势,向客户展示我们的专业素养和服务优势。

(3)巧妙应对"讨价还价":强调本店投保的"物有所值",打消客户的降价期待。

(4)尽到"告知义务":向客户如实告知投保后的相关注意事项,完美完成保险销售全过程。

4. 汽车精品推荐

汽车装饰精品通常是指汽车在出厂时没有,需要后期加装的饰品。一辆新车基本的装饰有汽车外饰、汽车内饰和电子产品,主要包括:地胶、脚垫、座套、方向套、香水、儿童安全座椅、360倒车影像、防爆膜等;高档装饰还有换真皮座椅、座椅加热和通风、音响系统、隐形车衣、无钥匙进入系统、电动尾门等。

1)汽车精品的特点

(1)非必须但可以满足不同客户的需求和喜好。

(2)客户对精品有一定了解但不了解其具体功能与用途。

(3)大多数精品需要与施工服务相结合。

基于汽车精品以上三个特点,在销售过程中也有着与一般商品不同的方式、特点。汽车精品的销售要以销售员的介绍、引导为主。到精品区来选购精品的客户,对自己的需求不是很明确或确定时,需要询问销售人员或销售人员主动地介绍、推荐。

2)精品销售的时机

(1)铺垫时机:产品介绍时。

销售顾问进行产品介绍时,可以利用加装车把精品展示给客户,这个阶段的精品推荐并不是急切地要求客户购买,而是首先展示给客户看,给客户做好铺垫,让客户清楚看到加装精品车辆与不加装精品车辆的差别,增强客户加装精品的意愿。

(2)引导时机:新车下订金签合同时。

客户在下订定金签订合同时,一般是我们向客户推荐精品的常用时机,在客户签订合同以后,销售顾问可以邀请客户参观汽车精品展示区,让客户了解还有哪些汽车精品可以加装到汽车上。

话术示范:

李先生,感谢您对我的信任!我觉得像李先生您这样经常需要走沙石路面的用户,这款SUV是非常明智的选择。首先我们这款车的底盘要比同级别车更高,应对很多坑洼路面轻松自如,还有我们的底盘和悬架调教得非常好,在这种砂石路面行驶时,坐在车里也不会有太多的颠簸感。如果再配备这款车专用的底盘装甲,有效的保护我们的底盘,减少车辆损耗,这就更加完美了!

衍生业务推荐之精品推荐

(3)最佳补充时机:车辆交付时。

产品交付是客户购买过程中,心里最为兴奋的时刻,因为历尽辛苦,自己喜欢的车辆终于可以开走了,心情特别愉悦。销售顾问要趁着客户心情愉悦的时候,推荐精品。这个阶段的精品推荐要以提问的方式引起客户注意,通过主动提问,创造精品销售的机会。

话术示范:

销售顾问:×先生,您的座椅套和脚垫、香水都带来了吗?如果带来了,我帮您安装好,我这里人手多,安装比您一个人安装要方便一些。

客户:我还没买。

销售顾问:×先生,您看车都提了,这些小物件怎么能少得了呢?香水能中和车内的塑胶味道,座椅套和脚垫能够保持车辆整洁,这些都是必备的呀。

客户:还没来得及去买呢。

销售顾问:这些东西咱们店也有,价格也不贵,我带你去看看,新车必须要有新车的样子,这都是小物件,花不了多少钱。

3)精品推荐的方法及技巧

精品推荐方法多采用FABE(Features Advantage Benefit Evidence)法则。该法则就是指运用产品的特征、优点、利益和证据来向消费者介绍产品。运用FABE法则向消费者介绍产品,能让消费者迅速了解产品。

如在给客户介绍隐形车衣时,运用FABE法则可以这样来介绍:"它是高科技产品"——特征(F),"它能够将你的汽车表面覆盖一层高分子保护膜,像钻石一样硬"——优点(A),"这样就不用怕你的车被划花了"——利益(B),"我们的产品是美国进口的,有进口证明"——证据(E)。

除了推荐方法的运用外,如需提高精品推荐的成交率,在精品推荐过程中需要与精品销售人员进行协同作战,共同促进客户成交。

(1)在销售完成后及时向客户介绍店面精品部,让精品销售员无缝介入。

(2)敲边鼓的重要性。在客户对精品有犹豫的时候,他更倾向于听销售顾问的声音,销售顾问肯定的答复给客户以临门一脚的信心。

(3)共筑信息沟通平台。销售顾问和精品销售人员要及时沟通,避免没有交代出场人物、没有后续跟踪、前后解说不一等尴尬。

5. 新能源汽车延保推荐

1)新能源汽车延保的概念及重要性

汽车延保是指汽车行驶一定里程或时间后,为保护汽车的使用安全和维修保养方面的需求,提供的一种经销商或第三方机构提供的延长保修服务。机动车辆延保是在原有质保期的情况下推迟质保期。新能源车型是一种新型的车辆类型,虽说新能源汽车的结构简单,只通过电池、电机、电控系统三电系统工作,但在长期使用过程中出现不确定的因素也有很多,购买延保非常有必要。延长汽车的质保期,质保期内汽车所出现的问题,全部由厂家来进行免费的维修和更换。中保研发布新一期汽车零整比研讨成果"汽车零整比 100 指数"为 350.93%,较上期增长 13.96 个百分点。换掉一辆车的零部件的价钱总和,能够买下 3.5 辆同款整车。这意味着,汽车用户改换或维修零部件的本钱明显上升。在这样的前提下,汽车延保更是必不可少的。

2)新能源汽车质保、保险与延保的区别

(1)质保是指汽车质量保证期,包括保修期、三包有效期和易损耗零部件质量保证期。质保主要有 3 大类:

①第 1 类是核心件:包括动力部分的发动机、变速箱、电池等,质保都在 6 年/15 万 km。

②第 2 类是电子元器件:多媒体系统、配电设备等,质保在 3 年/6 万 km。

③第 3 类是损耗件:如各种过滤器、油液、橡胶磨损件等,质保在 6 个月/1 万 km。

随着车龄及里程数的不断增加,出现故障的概率相对就会增加,需要维修更换的零配件就越多,维修成本也会升高。如果超过质保期更换零部件,那么将会产生一笔不小的费用。

(2)机动车辆保险是指财产保险的一种。它是以机动车辆本身及机动车辆的第三者责任为保险标的一种运输工具保险,包括有交强险和商业险。保险负责的是车辆发生事故后的维修责任,这是针对外因造成车辆损坏需要进行的维修。

(3)汽车延保是在原有质保期的情况下延长质保期,负责的是车辆正常使用产生故障的维修责任,也就是内因。因此,购买汽车延保是有一定条件的,以比亚迪汽车精诚延保为例:

①配备云服务的车辆,距离质保期结束不少于 3 个月/10000km 时(二者以先到为准),客户可以到店购买。

②未配备云服务的车辆,距离质保期结束不少于 1 年/10000km 时(二者以先到为准),客户到店购买。

③购买延保的汽车必须无重大交通事故损伤(车辆维修金额大于 1 万元)、无重大改装、非火烧车、水泡车。其中,出现重大交通事故损伤,但经修复后达到出厂标准(即在比亚迪授权服务店进行维修并通过质检环节)的情况除外。

④在质保期内未定期到比亚迪 4S 店维护的汽车,需要满足以上三项条件方可购买精诚延保,但延保期内申请索赔时需提供符合国家三包法的相关资料(与现有索赔流程一致)。

3)新能源汽车延保的服务范围

新能源汽车的延保范围一般情况下分为核心零部件延保和整车零部件延保,不同的延保服务范围适用于不同的车型,购买条件也不同,以比亚迪精诚延保为例(表4-3)。

比亚迪精诚延保的服务范围　　　　　　表4-3

新能源精选延保	发动机、变速器系统的零部件	车型(除DM-i车型)	①车龄≤69个月 ②总里程≤140000km
新能源诚选延保	同原厂保修期为6年或15万km的整车零部件范围,以及多媒体系统和交流/直流充电口总成	混合动力汽车、纯电动汽车	①车龄≤33个月 ②总里程≤50000km
新能源诚选延保Lite版	原厂保修期为6年或15万km的整车零部件范围	混合动力汽车、纯电动汽车	①34个月≤车龄≤69个月 ②总里程≤140000km

新能源汽车的延保期限通常为在1年/2万km或2年/6万km,不同的延保期限,价格也不同,以比亚迪的精诚延保为例(表4-4)。

比亚迪的精诚延保期限及价格　　　　　　表4-4

适用车系	新能源诚选延保(元)				新能源诚选延保Lite版(元)	
	1年/3万km		2年/6万km		1年/3万km	2年/6万km
	购车0~6个月	购车7~33个月	购车0~6个月	购车7~33个月	购车34~69个月	购车34~69个月
秦PLUS DM-i	1990	2370	3580	4180	2150	3800
宋PLUS DM-i	2110	2510	3790	4430	2280	4030
全新一代唐DM-i	2460	2900	4410	5210	2640	4730
e1/S2/元Pro	1350	1660	2520	2990	1510	2710
e2/e3/元EV/全新秦EV/海豚	1680	1980	2960	3590	1810	3260
秦Pro EV/宋MAX EV/宋Pro EV/宋PLUS EV/秦PLUS EV	1860	2190	3360	3950	1990	3600
e5/秦EV/宋EV/全新一代宋EV	2140	2500	3820	4510	2280	4110
e6/全新一代唐EV/汉EV	2840	3350	5120	6030	3040	5490

4)新能源汽车延保推介的技巧

(1)提供中肯的建议。作为销售人员,需要针对每位客户的实际需求,提供合适的延保建议。因此,在销售前,需要先了解客户的购车用途、使用条件、经济实力等信息,然后提供中肯的建议。

如果客户经济能力较为充裕,可以建议他们选择最高级别的延保服务。如果客户以家庭用车为主,可以建议他们选择多项维护、人工费、备件维修等软性服务。此外,如果使用条件特殊,如经常走山路、热带高温地区,也需要为客户提供对应的维护措施。

(2)描述应以客户为中心。在推荐汽车延保服务时,不应将自己的意见强加给客户,而是应描述以客户为中心的话题。例如,您购买的延保服务就像您购买人寿保险一样,是一种防患于未然的保障。车辆在使用时间长了之后咱们也没有办法能够预测到会发生哪些故障,尤其是过了质保期,如果发生故障进行维修就需要咱们自己掏腰包。但是如果您购买了咱们的延保,在延保期内车辆出现了质量问题,都是由厂家进行支付,您不需要支付一分钱。

(3)温和的语气设计。在销售汽车延保时,必须使用温和的言辞和表现方式。千万不要过于着急或紧张,尽量让客户感到你的诚意和友善。如果提供令客户不安的销售建议,客户很可能会产生不良的印象,从而降低客户满意度。

(4)详细解释维保事项。除了讨论汽车延保服务之外,销售人员还需要帮助客户了解车辆维保的相关事项。这包括定期保养、正确使用和保护车辆等重要的保养知识。在推销延保同时,可以提醒客户定期保养车辆,以保证车辆安全和性能的全面表现。

(5)留下客户联系方式。最后,在销售汽车延保时,需要留下客户的联系方式以便后续跟踪和维护。这有助于我们及时了解客户的需求以及将来可能的商品推广计划。

汽车延保能够为汽车购买者提供充分的保险支持。针对汽车销售人员来说,如果能够运用上述技巧和话术,较好解释和推荐汽车延保服务,并建立良好的信任关系,相信还可以更好地提高客户的满意度。

二、任务实施

(一)工作准备

(1)场景准备:洽谈区桌椅准备、精品区、纸、笔。
(2)人员准备:销售顾问着正装、状态准备。
(3)政策准备:保险政策、延保政策、贷款政策、二手车置换政策。
(4)衍生业务推荐话术准备。

(二)实施步骤

请根据教材中的"知识准备",按照步骤完成衍生业务推荐工作内容。
(1)衍生业务洽谈场景布置。
(2)销售顾问通过沟通开展客户衍生业务的需求分析。
(3)利用不同的时机向客户推荐衍生业务。
(4)耐心给客户讲解衍生业务推荐的内容和方案,并做好记录。
(5)根据客户的要求及时快速地调整好方案。
(6)灵活应对过程中客户提出的异议,话术自然到位。
(7)至少成功推荐3项衍生业务。
(8)任务完成后5S管理。

任务2 价格协商

任务描述

价格协商环节汽车销售中最核心的部分,双方能否达成一个彼此都可以接受的价格将决定着谈判的成功与否。谈判成功意味着谈判方对彼此开出的条件都在自己可以接受的范围内,并且认为自己在既定条件下实现了自己的目的,这也就意味着双赢。

一、知识储备

(一)价格协商前的准备

经历了前面的销售流程,客户对产品已经有了一定了解且流露出购买信号,就可以进行方案制订和价格谈判了。谈判的核心就是让客户有一种"胜利"的感觉,就是让客户觉得自己这样做是占了便宜。在谈判过程中,要善于布局,把握客户的心理,同时借助环境、工具、资料、其他同事等达成交易。

谈判的过程中可能需要主管或经理的协助,一定要提前向上级做好汇报,客户到店的情况也要及时汇报。

为了能更好地达成交易,价格谈判前必须要有充足的准备,一定要了解:客户的购车需求、客户的购车时间、竞品情况、现在本店的价格权限、竞品的价格优惠、交货期、店内库存等。在谈判的过程中,要掌握一些价格谈判法,如三明治法、让价要有代价、让价不超过三次、越让越少等。

销售顾问每天上班先了解库存情况,近几天的成交情况、客户在前面的流程中已达成阶段目标,价格谈判的过程中保证不要受到其他因素的干扰。

1. 销售流程的目标是否已达成

价格谈判的前提条件是必须在前面的销售流程目标已达成的前提下才能进行,否则将会很难达成现阶段目标;客户是否确定了购买的车型目标,如果没有,那么价格谈判是没有意义的,因为客户对于目标不明确;客户对销售顾问是否信任,不信任的情况下价格谈判是无效的;客户对产品是否有充分的解,如果客户已试驾且对车型认同,再进行价格谈判,否则先处理客户对产品的异议再进行谈判。

2. 价格权限

价格谈判一定要了解本店近期的价格,如今天的销售价格、优惠政策,这些信息一定要及时掌握,不能到谈判时再去咨询经理主管,同时要掌握竞争对手的价格情况,必须也是近期的,太久远的信息是没有价值的。

3. 衍生业务情况

各衍生业务销售顾问本月的任务和要求一定要非常清楚,如本月保险的渗透率、精品、金融达成情况、二手车置换的达成率,做到心中有数。

(二)价格协商中与上级的沟通

1. 上级协助的时机

在价格谈判过程,有时因为客户的消费心理的原因,客户会认为经理的价格权限会更大,所以第一时间就希望能被经理接待。如果按照客户的这个意愿,那么销售顾问是没有存在价值的,销售顾问要勇于自己进行价格谈判。若客户需要确认价格的底线,而且也会在今天成交的,经理出面时还有他的权限空间的,可以请经理出面使客户快速达成交易,否则不要让经理进行协助。

2. 申请价格

向上级经理申请价格时,务必向经理详细说明以下信息:客户第几次到店、客户在何处用车、客户何时会购车、意向车型、颜色、库存情况、竞品情况、保险、精品的达成率等说明后,经理一般会给出建议。若经理的权限已用完,经理有可能会根据市场的情况向总经理进行价格申请。

(三)价格协商的基本要求和技巧

1. 价格协商的基本要求

在价格协商过程中,需要灵活处理价格协商中遇到的问题,尤其是客户在价格协商中漫天要价的情况,销售顾问需要在价格协商过程中掌握主动权,尽量避免与客户产生正面冲突。

价格协商的技巧

(1)面对客户提出的价格,切勿正面回答客户,积极采取迂回话术,避免客户进一步纠缠价格问题。例如:"李先生,您可以再看一下我们这款车的配置,在同级别车当中应该是最高的,性价比是非常高的。"

(2)当客户认准价格不松口时,可以尝试将客户引入其他话题,进行需求分析。例如:"李先生,您看您这边需要加装一个电动踏板吗?电动踏板可以非常方便您和家人上下车,如果加装电动踏板的话,我可以去帮您申请这个价格。"

(3)对于有明确需求的客户直接尝试成交。例如:"李先生,您确定今天能下单吗?如果确定,我在这个价格基础上再给您送一个精品礼包,您看可以吗?"

2. 价格协商的技巧

(1)千万不要接受客户的第一个提议。如果客户让你便宜3000,你立即就同意,客户就会觉得自己还可以把价格压得更低,客户的心理就会发生变化,从而导致后面的销售推进非常不顺利。

(2)适时表现出惊讶的状态。当客户提出一个要求的时候,销售顾问可适当表现出惊讶的状态,让客户觉得提出的要求过高了,从而在后期谈判中掌握主动权,同时也是让客户有"赢"的感觉的第一步。

(3)扮演勉为其难的销售人员。当客户提出降价要求的时候,销售顾问一定要扮演出勉为其难的样子,让客户觉得抓到了关键点。在所有价格谈判过程中,销售顾问在观察客户的同时,客户也在观察销售顾问,双方都在互相试探。所以,表情、语言到位是一个优秀销售顾问的基础,这也是让客户有"赢"的感觉的第二步。

(4)适当的时候要立场坚定、紧咬不放。销售顾问不仅仅要会降价,会表演,同时在关键时候也要立场坚定、不松口,不能客户一紧追不放,销售顾问就马上投降降价,这样会没完没了。即使还有降价的空间,也要学会立场坚定,一定要练就在关键时候不松口的本事。

(5)给自己留一些谈判的空间。在前期客户询价的时候,一定要给自己留出一定的谈判空间,要分清询价和价格谈判这两个不同点,不要在询价时就把所有底价抛出去,这样后期就没有谈判空间了。

(6)给客户一些还价的空间,避免产生僵局。在客户询价的时候,给出的价格就应该预留出消费者的还价空间,其实这个定价应该是4S店整体的一个定价策略,需要4S店在事先定价就考虑清楚。

(7)提升产品或者服务的价值感。销售顾问需要谨记,自己卖的不仅仅是产品,而是产品、服务、品牌的集合体,所以在和客户讲解的时候,不要单纯地说产品如何如何,还要讲解品牌、服务给客户带来的价值。

(8)让客户觉得"赢"得了谈判。在最后谈判完成的时候,销售顾问一定要让客户觉得自己"赢"了。这非常关键,在语言上、表情上等都要让客户感受到。

(9)借助公司高层的威力。当谈判陷入僵局,需要有个台阶下的时候,可以借助公司高层的力量,例如销售经理、主管副总等,请高层出面打破僵局。记住是打破僵局,不是帮忙谈判,这是两个概念。

(10)避免对抗性的谈判。一定要避免把谈判推向对抗性,也就是从开始到结束,都要让客户感觉到销售顾问是站在他的立场上帮其与公司谈判,而不是销售顾问和客户之间的谈判。谈判的氛围不能剑拔弩张,谈判的结果应该让客户感到你帮助他赢得了这个价格。

(11)交换条件法。如果客户非要降价,没有回旋的余地,销售顾问也要思考如何获得最大利益。这时可以采用交换条件法,可以告知客户"我想办法帮您拿到这个价格,您也要帮我一个忙",可以借助精品销售、转介绍等话题推出。实现双方互惠互利。

(12)"好人"/"坏人"法(红脸/白脸法)。两人结伴为一组,一个人扮演"好人"的角色,也就是对对方来说的相对的好人,表面上总从双方的利益考虑,不偏不倚,为了促使谈判顺利进行,对对方态度诚恳。而"坏人"则是处处不肯让步,逼着对方作出妥协。在这种情况下,对方当然希望和"好人"谈判,而事实上,"坏人"一般都是在谈判中起主要作用的人。但是遇到了僵局,暂时让"坏人"退出,以缓解气氛,就是必要的退却。暂时的退却可能换来更大的胜利。

(13)蚕食鲸吞法。在价格达成意向的时候,不要忘记推销汽车精品,让客户答应前期没有答应的一些条件。比如:"李先生,这个价格确实没有办法给您。要不这样吧,您在我们这里购买保险,我就去帮您申请这个价格。"

(14)价格让步要有节奏。降价有四不准:
①不准等额让步。

②不准在最后一步中让价太高。
③不准起步全让光。
④不准先少后多。

(15) 拟订合同法。在价格谈判中，如果客户要求降价，销售顾问可以用拟订合同法，事先拟定客户同意的价格合同，然后再去争取所谓的降价，这样就得到了客户的承诺。例如："李先生，那我先去给您准备好合同，今天您能签合同的话，我去帮您申请这个价格。"

从价格协商到制作购车方案是一个相对比较考验销售顾问能力的过程，需要销售顾问有丰富的经验和灵活的应变能力，全面掌握销售的各个数据，对于数据处理要快速且准确。大多数新人在这一环节都需要老同事的协助，在过程中新人应多跟着主管或老同事观摩学习现场，多总结让自己快速成长，不用太过胆怯，应大胆地创造机会学习和积累经验。

二、任务实施

(一) 工作准备

(1) 场景准备：洽谈区桌椅准备、计算器、纸、笔。
(2) 人员准备：销售顾问着正装，事先与同事和领导进行沟通。
(3) 材料准备：购车方案表。
(4) 价格协商话术准备。

(二) 实施步骤

请根据教材中的"知识准备"，按照步骤完成价格协商工作内容。
(1) 价格协商洽谈场景布置。
(2) 准备好多份购车方案表。
(3) 确定客户已经基本锁定购车目标。
(4) 运用价格协商的基本原则和价格协商的技巧合理应对客户的问题。
(5) 根据客户的要求及时快速地调整好方案。
(6) 灵活应对过程中客户提出的异议，话术自然到位。
(7) 确定最终的购车方案。
(8) 任务完成后 5S 管理。

任务3 购车合同签订

任务描述

销售顾问与客户签订合同时要态度恭谦，面带微笑。将合同事项一一进行详细解释，得到客户的签字确认后,再办理订金交付,要严格按照流程进行。

一、知识储备

(一)合同知识

1. 确认信息

购车合同签订前需跟客户进行信息的确认,分别为以下五个方面:

(1)客户所订车型的信息:配置、参数、排量、颜色(内外颜色)、价格、优惠的价格、订金、具体的交货期(不能模糊)等。

(2)承诺事项:如赠送的精品、代金券、礼包(详细的明细包括价值也须标注)。

(3)衍生业务事项说明:二手车置换的补贴、二手车的价格、分期付款的相关费用(首付、手续费、保险、购置税、上牌)、保险的费用(说明各险种)、精品的费用(安装的各项精品的明细)。

(4)客户的信息:包括所订汽车上牌的车主的姓名、身份证号、电话号码、地址等,如果单位公司用车需出示组织机构代码号、地址、联系人的姓名、电话等。

(5)客户期望的提车时间。要与客户确认清楚可以交车的时间,尤其是定制类的车型没有现车,需要客户等待的时间比较长,提车时间务必要确认清楚。

2. 合同说明

签订合同时一定要向客户说明合同的效应,双方的约束条件以及违约后的处理方法或赔偿金额等。

邀请客户认真阅读合同相关条款,如果客户有异议,一定要及时进行处理,否则客户不接受,会影响成交率。

介绍分期付款的各项明细要与客户说明清楚,首付、购置税、上牌、分期款手续费、保险、精品等,分别给客户介绍明细,如客户有异议现场再次根据客户的需求进行修订。

案例话术:

客户:为什么交车期写2023年10月内,能不能写10月10日交车?

销售顾问:是这样,海豚这款车是很紧俏的,我们是根据厂家配车的进行订货的。根据现在的进度,就订到10月的配车,具体哪一天能到店,这个是不一定的,所以只能在合同中写明10月内交车。

客户:有没有可能提前呢?

销售顾问:这也是有可能的,但是不能保证。

客户:如果能提前到车你一定要通知我,我要安排资金。

销售顾问:您放心!我会及时跟进您这台车的到货进度的并向您汇报的。

客户:那如果你们不能按时交车,是不是双倍赔偿?

销售顾问:一般情况是不会延期交车的,如果真的出现了延期交车,我们会提前跟您联系的,到时会跟您协商相关的事项。

客户:那不行,你们现在就写在合同上。

销售顾问:我们合同都是公司统一进行制定的,现在是没有办法改动的,但是您放心,到现在为止海豚这个配置、颜色的车没有出现过延期交车的情况。

客户:那好吧。

(二)订金交付及合同签订

1. 订金交付

(1)订金:一般4S店收取订金为车型价格的20%左右,但是因车型不同收取的订金也不一样,如果客户所订的车型并不是主打车型和颜色,那就要特别跟客户进行说明,要多收取订金,避免客户订金后违约,有些客户会要求只交极少数的订金。这种情况一定要尽量避免,因为极可能会出现退订。

(2)票据:交付订金后,一定要把相关的票据一一点清,提醒客户收好,不能丢失,说明丢失后会出的后果,即提车时要本人到店出具遗失声明。

2. 合同签订

购车合同是购车人与经销商签订的正式购销合同,是保证经销商与消费者双方权益的一个依据。因此,当客户已经确定购买汽车,要引导客户进行合同签订。在合同签订过程中为确保合同的有效性,合同必须客户本人签字,不能代签。

在合同签订过程中一定要将承诺的事项以书面形式写在合同书上,如给客户赠送的服务、礼包,承诺的交车时间,车辆颜色、价格等需要确认清楚,注意合同签订的风险防范。

(三)合同签订的注意事项

(1)注意不能在签订合同时处理其他无关的事务,如接电话或再接待其他客户,一定要在第一时间把合同签订完成后再处理其他事务。

(2)销售顾问在接待的过程中应避免喜形于色,应注意客户满意度,否则极易出现退订。

(3)合同签订后,一定要整理好客户的订车资料,一客户一档案,销售顾问保存好,同时把合同交到销售部门的计划信息员处保管,避免丢失。

(4)合同签订后还需要再增强客户的购买信心,让客户感受购买过程是一个赢的过程。如"李先生您真是谈判高手,这个配置的车我都没卖过这个价格呢","您的眼光真是不错呀,以这样的价格买了这辆车,真是物有所值"等。

课程思政

情境引入:销售顾问与客户正在签订购车合同。

销售顾问:您好,这是我们的购车合同,您看一下?

客户:我们国庆节想开车去玩,你看能不能在9月份就给我们提车。

销售顾问:您好,海豚现在订货期是比较长的,但是您放心我们在合同上写是10月提车,但是可以给你在9月提车的。

客户:那如果能在9月提车就写在合同上吧。

销售顾问:这个……

客户:你不是说可以9月提车吗?

销售顾问:我们只能尽量提前让您开上车,但是按现在的厂家系统里,就要排到10月的。

客户:那意思是10月才能提车了?

销售顾问:这个也不一定。

客户:那我要考虑一下。

销售顾问:虽然合同的没有写明,但是您放心我敢保证会在9月给您提车的。

客户:那好吧。

诚实守信、公平竞争

汽车企业对从业人员提出越来越高的品德方面的要求,要有诚实守信、责任意识,树立团队合作的精神。因此,专业知识和技能培训也应该将学生德育教学放在突出位置上,将德育教学落实到课程专业讲解中,为社会培养德才兼备的高端高素质销售人才。销售顾问不单具备专业营销知识,还要学会做人做事。

案例中,销售顾问通过早提车的卖点吸引并说服客户达成交易的心情可以理解,但是明显违背了诚实守信、公平竞争的职业道德。

首先,口头承诺客户的事项如果不能实现,一定要不能随意地承诺,特别是客户特别关注的事项,这给后续客户投诉埋下了隐患。诚实守信、公平公正不仅仅表现在书面有法律效力的合同上,同时也是跟客户沟通的口头承诺上。不能为了让客户快速交订金,达成交易就随意口头承诺,一旦客户发现销售顾问无法给到他相应的承诺,不但无法达成交易,还会给公司带来不利的影响。因此销售顾问的诚实守信、公平竞争的职业理念非常重要。

因此,正确的处理应该是:

(1)不轻易口头承诺客户任何事项。

(2)在交货期的解释上,基于诚实守信的原则应对。

销售顾问:现在海豚这款车真的很受欢迎,正常交货期都是到11月,您这台的交货期还是我去跟经理申请,说您急用车,又是老客户介绍来的新客户,经理才答应的。

客户:我还是希望在10月前能取到车。

销售顾问:张先生,这我真不能保证的。但是您放心,我一定跟进这台车的进度,只是真的没有办法保证在10月能提车啊。

客户:那好吧,你一定尽量让我早一点提车。

销售顾问:我会及时跟进的,进度也会跟您汇报的,您放心。

在销售环节上,要信守承诺,不断完善服务。因而,在课程中,更加注重学习者职业道德引领,让员工爱岗敬业、诚实守信、公平竞争,为社会奉献,让学习者能够恪守自身价值观、职业操守,最终将职业道德内化到自身思维中,并外化到行为中,提高其职业素养水平。

二、任务实施

(一)工作准备

(1)场景准备:合同签订区域准备、笔、收银区准备。

(2)人员准备:销售顾问、收银员着正装。

(3)材料准备:最终购车方案表、购车合同书。

(二)实施步骤

请根据教材中的"知识准备",按照步骤完成合同签订工作内容。

(1)合同签订区域准备、笔、收银区准备。

(2)准备好最终购车方案表、购车合同书。

(3)逐一向客户介绍合同内容。

(4)耐心解答客户提出的问题。

(5)清晰填写购车合同相关内容和约定条款。

(6)正确指引客户进行合同签订。

(7)任务完成后5S管理。

项目五 新车交付

任务要求

知识目标
1. 明确新车交付的目的和意义。
2. 了解新车交付的流程。
3. 掌握新车交付过程的执行要点与有关技巧。
4. 通过新车交付提升客户满意度。

技能目标
1. 能够完成新车交付前客户的电话预约。
2. 能够对交车客户的完成接待、交车流程介绍、新车检查、功能介绍等工作。
3. 能够给予客户一个完美的交车仪式,并礼貌送别客户。
4. 能够处理在新车交付过程中出现的突发问题。

素养目标
1. 通过烦琐复杂的交车流程学习,培养学生认真负责的工作态度及一丝不苟的工作作风。
2. 通过小组合作的技能训练过程,培养学生团队合作、敬业奉献、服务人民的精神。
3. 通过向客户详细解说购车所享有的权益,树立维护客户利益的观念,依法维护客户的切身利益。

建议学时:4 课时

任务1 新车交付准备工作

任务描述

交车是服务的开始,也是客户最兴奋的时刻。高品质的交车可以进一步提升客户满意

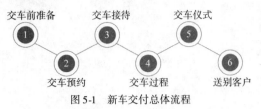

图 5-1　新车交付总体流程

度和忠诚度,为企业带来良好的口碑效应。交车过程的好与坏,不仅影响销售顾问的销售满意度成绩,而且还为售后服务埋下了伏笔。因此,在交车过程中不但要做好交车前的充分准备,还需要有条不紊地完成交车的每一个过程(图5-1)。

一、知识储备

(一)认识新车交付的意义

1. 新车交付的客户期望与现状难点

客户需要时刻被关注,在交车过程中需要与客户的期望保持同步。但在实际工作中由于销售人员和客户的关注点不一致,兴奋点也不同(图5-2),因此客户的期望和现实感受是存在着一定的差距的。

1)交车时客户的期望

(1)客户希望全面了解车辆的配置、如何操作、使用注意事项、保修范围和维护计划。

(2)交车人员能够耐心听取客户的疑问,并一一给予专业解答。

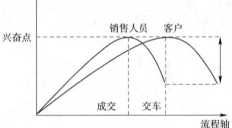

图 5-2　销售顾问与客户兴奋点不同

(3)客户需要了解售后服务的环境与维修保养服务事宜,认识一位专业的售后服务人员,并且以后可以随时联系到此人,可以放心地把车交给他们来维修。

(4)客户希望今后能有人像买车前的销售人员一样,经常关注我和我的新车。

2)现状差距

(1)销售与售后信息交换得不及时。

(2)客户等待时间长,受接待体验差。

(3)交车流程烦琐,销售顾问和服务顾问分工不明确。

(4)交付过程客户缺乏创新和参与性的体验感受。

开展交车仪式,并做好交车前后的精心准备,可以很大程度上缩小客户的期望和现实感受之间的差距,提升用户的体验和满意度。

2. 完美的交车是提升客户忠诚度与满意度的关键

新车交付在标准销售流程中起到"承上启下"的作用,是与客户保持良好关系的开始,而用户的体验是培育用户忠诚度的关键之一,是缩小客户购车期望和现实困境之间的重要方式。俗话说"良好的开始是成功的一半",作为用户售后服务的开端,做好了新车交付,能给用户留下良好的第一印象,在培育忠诚用户方面就等于成功了一半。

据统计,在汽车销售满意度评估交车流程、销售负责人、成交条件、交付时间、广告信息、保险装潢、销售体制及设施、书面手续8个要素中,新车交付在销售满意度(SSI)中的权重达到52.3%,决定着SSI分值的高低。因此,交车过程直接关系到客户的满意度水平。

> **课程思政**
>
> 情境引入:一场"有预谋"的浪漫:销售顾问小张在接待客户李先生及其女友梁女士时,客户就不时提出购车的目的是作为结婚用车。购车过程非常愉快且顺利,最后签下了购车合同。在送别李先生后,小张心中萌生了一个想法:到时给李先生举办一个特别的交车仪式。汽车到店后,小张立即联系李先生,将自己的想法告知李先生,李先生也觉得将交车仪式变成求婚现场将是给自己女友最好的礼物,也将记忆深刻。在得到李先生的同意后,小张积极地为李先生进行谋划,从现场布置到流程设置,从整体规划到细节处理,都策划得非常周密。交车当天梁女士虽然感觉交车现场的布置很浪漫,但是对接下来发生的事情完全不知。直到抽奖环节,梁女士抽到了一个惊喜礼物的纸条后,现场的音乐灯光开始出现变化,在交钥匙的同时,李先生手捧花束单膝跪地向梁女士求婚时,梁女士热泪盈眶、喜极而泣。工作人员随后簇拥而至给李先生和梁女士送上了祝福。李先生和梁女士对此次交车仪式非常满意,并与小张成了朋友,经常给小张推荐客户。
>
> ## 交车交出一辈子的朋友——爱岗敬业职业观的培养
>
> 交车是一个烦琐的过程,需要做好交车前、中、后的各项工作,但作为一名专业的销售人员或汽车交付专员,需要精心地去给客户做好各项准备工作,耐心细致地给客户进行讲解,用心地为客户解决各种问题。
>
> (1)销售顾问需要有爱岗敬业精神。在工作任务、压力都比较大的销售岗位上,销售顾问需要有爱岗敬业、乐于奉献的精神才能够真正地把工作做好。在汽车销售行业中口碑是非常重要的。如何在烦琐的交车环节中给予客户超期的体验,提高客户满意度,销售顾问或交付专员的工作起到了非常关键的作用。
>
> (2)销售顾问需要有乐于奉献的精神。在工作过程中,销售顾问除了要有专业的素养和敬业的精神外,还需要时时处处以客户为中心、以公司利益为重,而客户的满意度和净推荐值是企业不断发展的源泉。因此,销售顾问或交付专员需要利用更多的时间和精力去打造一个完美的交车流程,过程中需要牺牲一些个人时间,这就需要销售顾问具有乐于奉献、干一行爱一行的敬业精神,以及不断奉献社会的精神品质。

(二)新车交付准备执行内容

1.车辆准备

新车到店后,为了确保新车的质量和性能达到预期标准,让客户能够放心地购买和使用新车,一般会由售后部门进行新车售前检测(Pre-Delivery Inspection,PDI)。PDI检测通常包括检查车辆的外观、内饰、机械部件、电气系统、轮胎、制动系统等(图5-3)。如果发现任何问题,这些问题将在交付前进行修复。这可确保客户收到的新车在质量和安全性方面都是完好无损的。主要内容包括以下几个方面:

交车前准备

(1)安全性检测:检查制动系统、转向系统、灯光系统等关键部件是否正常运作,确保车辆在行驶过程中的安全性。

(2)功能性检测:检查车辆的各项功能是否正常,包括空调、音响、电动窗户、天窗等,确保汽车能够正常使用。

(3)外观检测:检查车身、车漆、轮胎等部件是否完好无损,确保车辆外观美观。

(4)内饰检测:检查车内座椅、仪表盘、中控台等部件是否完好无损,确保车辆内饰整洁美观。

完成新车的 PDI 检测后,销售顾问或交付专员需要车辆须提前清洗好,待清洗好停放在交车区(图5-4)。

图5-3 新车PDI检查

图5-4 新车清洗及准备

2. 硬件和软件准备

1)交车文件准备

在新能源汽车交付中,销售顾问或交付专员需要在客户到店提车前将报价单、销售合同、车辆合格证、PDI检查表、交车确认表、发票、代提车授权书、新能源告知书、满意度面访表、服务公约、三电凭证、使用手册、保修手册等资料准备好,并与客户逐一清点文件资料,确保不遗漏,如发票不能及时开具时需要和客户解释清楚。

2)交车礼物准备

交车礼物可以提升客户的喜悦感和满意度,通常经销店准备一些能营造氛围和较实用的纪念品(图5-5),如蛋糕、鲜花、茶具、车衣、灭火器、行李舱垫、座椅垫、转向盘套、钥匙扣、铁牌框、抱被、儿童座椅、车载吸尘器、车载冰箱、救生锤、工具箱、随车应急包、手机支架、防晒隔热板、实习标识、储物箱、原厂雨伞等。销售顾问或交付专员可以根据客户的要求或需求选择适合客户的纪念品,提升客户的满意度。

图5-5 交车礼物

3)交车环境准备

完备的硬件条件,是顺利开展各项工作的基础,交车环境氛围的营造,可以增强客户的喜悦感。

交车区分为室内独立交车区和室外集体交车区。室内独立交车区应设立在来店及展厅客户可明显看见的区域。交车区最好为三面落地玻璃窗,制作有品牌的标志背景板和欢迎牌,配置有作业流程看板,门口应有当天交车客户姓名及预定时间告示牌等。交车当天应该对交车区进行氛围塑造,准备好洽谈桌椅、饮品、精品及绿化点缀等(图 5-6)。集体交车区应进行车辆的统一摆放和场地铺设,为营造隆重的氛围可设置舞台和背景板(图 5-7)。交车区所采用的色彩应为喜庆的颜色或根据车辆的类型主题进行布置,比如在比亚迪海洋系列车型交付中通常以蓝色为主。

图 5-6　室内独立交车区布置

图 5-7　室外集体交车区布置

(三)客户交车邀约

客户的等待过程,需要适时的反馈并清楚了解交车过程及需要携带的相关资料,希望有超出预期的欣喜。销售顾问需要及时向反馈客户车辆的到店或贷款等相关进度,让客户能够感受到销售顾问的关注与关心。通常,交车邀约采用的沟通方式为电话沟通,需要在交车前 3 天和前 1 天进行提醒,在电话沟通过程中礼仪到位、提醒清晰,以便客户能够做好充分的交车前准备。

1. 交车日前 3 天提醒电话

(1)汽车销售顾问恭喜客户,并告知客户新车已准备就绪,如有贷款需要说明贷款办理进度,说明车辆状况和可交车日期。

(2)汽车销售顾问提醒交车过程需要的时间(如 1 小时左右),与客户预约确定交车的具体时间。

(3)汽车销售顾问简要向客户介绍交车程序、内容。

(4)确认尾款数额与交款方式,汽车销售顾问提醒客户交车时需要的文件、资料。

(5)提醒客户邀请亲朋好友一起前来分享喜悦时刻。

话术示范:

销售顾问:××先生/女士,上午好。我是比亚迪王朝网正航 4S 店销售顾问×××。首先恭喜××先生/女士,您的贷款审批已经通过。您看明天有空过来提车吗?

客户:可以,没问题。

销售顾问:您看明天什么时间合适呢?

客户:明天上午十点。(销售顾问记录)

销售顾问:好的,明天咱们首先会对您的爱车进行环检、交付尾款、交接文件资料,并由

交车电话邀约

服务顾问介绍新车使用的注意事项,还会为您准备一个隆重的交车仪式。整个过程大约是1小时,您看时间安排没问题吧?

客户:没有问题。

销售顾问:好的,请您明天过来时带上本人身份证和上次您预交定金的发票。如果您的尾款支付需要刷卡支付的,还请您带上银行卡。

客户:好的。

销售顾问:××先生/女士,您看还有什么不明白的地方或交车过程中有什么特别的要求吗?

客户:没有了。

销售顾问:好的,稍后我也会通过信息的方式给您发送相关注意事项。明天上午十点我在店里恭候您的光临,祝您生活愉快!再见!(待客户挂电话后再挂电话)

2. 交车日前1天确认电话

(1)确认客户提车时间是否变更及提车过程中是否有特殊的需求。

(2)确定参与交车仪式的人数,以便做好接待准备。

(3)再次恭喜客户,并告知客户如有任何需要可随时联系。

3. 注意事项

(1)电话沟通过程中,对方虽然无法看到你的表情和状态,但是能够听得到你的状态,销售顾问或交付专员需要端正坐姿、保持微笑、注意倾听。

(2)销售顾问或交付专员左手持电话,右手做好记录准备。电话接通,先自报家门,询问客户是否方便接听电话,说明清楚来电的目的,同时恭喜客户。在沟通过程中清晰地向客户传递信息,适时记录、提醒到位。

确定方便客户的交车时间。在电话沟通过程中根据客户的交车要求进行合理的时间安排,有时候客户所要求的交车时间并不一定刚好是上班时间内,只要情况允许,尽量满足客户的要求,为客户制定出符合其自身实际的交车方案,以客户为中心,创造满意的交车服务,建立良好的关系、加深客户印象。

(3)告知客户交车的基本流程和时间要求,提醒客户携带资料。征询客户是否还有不明白的地方,礼貌结束通话。

(4)通话结束后,为了让客户更清楚地了解交车的时间和所需要携带的资料,需要向客户编辑一条提醒信息,通过短信或微信进行发送。

(5)交车前电话预约是保持与客户及时反馈和沟通的过程,也是给客户传递喜悦心情的过程,因此在电话沟通过程中需要保持与客户一致的喜悦之情。

二、任务实施

(一) 工作准备

(1)场景准备:模拟销售顾问办公室、固定电话、客户购车电子信息、纸笔等。

(2)人员准备:销售顾问着装、状态、表情。

(3)电话沟通礼仪准备。

(4)电话沟通话术准备。

(二)实施步骤

请根据教材中的"知识准备",按照步骤完成以下工作内容。
(1)销售顾问打开销售系统或 CRM 系统核对客户贷款情况、所购汽车基本信息。
(2)完成交车前准备工作和电话邀约的场景布置。
(3)运用标准电话礼仪完成与客户的沟通。
(4)接待过程沟通顺畅,清晰告知客户交车的注意事项,客户感觉轻松愉快。
(5)任务完成后5S 管理。

任务2 办理新车交付手续

任务描述

销售顾问或交付专员需要在接待环节中热情地接待客户,保持与客户同样喜悦的心情,耐心地讲解交车流程和车辆配置功能,灵活应变处理好过程中随时出现的问题。全过程陪同客户进行新车查验,营造喜庆隆重且符合客户喜好的交车仪式,礼貌送别客户并及时回访,不断提升客户的满意度。

一、知识储备

(一)交车接待

交车接待环节有别于展厅接待,在交车接待中由于客户已经购买了产品,很多销售顾问就比较容易放松,认为已经与客户比较熟悉了,没有必要在乎那么多的细节,这往往容易给客户造成虎头蛇尾、服务不专业的感觉,为打造专业的服务、创造客户满意度,需要销售顾问或车辆交付专员做好交车接待中的每一步工作,尤其注意接待过程中销售顾问与客户保持同样喜悦的心情,销售顾问需要按照与客户约定好交车时间,提前将车辆、交车资料等准备好,交车当天提前到展厅门口迎接客户,热情接待并恭喜客户,做好接待的引导、茶水工作,为客户耐心地讲解交车的流程和时间,并引导客户签署新车 PDI 检查单。为客户打造完美的交车流程,同时销售顾问或交付专员也需要根据客户的实际情况灵活处理接待流程,做到以客户为中心。

1.交车接待前充分的准备

销售顾问整理好个人精神状态、着装和交车所需的文件材料,按照与客户约定交车的时间提前到展厅门口迎接客户,面带微笑。

2.提供热情的接待和专业的服务

(1)看到客户后,面带微笑主动上前迎接,与客户握手并恭喜客户,握手时与客户单手相握。如客户与家人驾车前来,需要协助客户将车辆停放至客户专用区。

(2)稍作寒暄,引导客户进入休息区,指引客户入座。指引过程中需要注意引导的手势,引导客户入座时帮客户拉椅子,并用手势指示入座。

(3)为客户准备茶水。询问客户需要的茶水,从客户右后侧或右前侧上茶水,并引导用茶,如茶水比较烫,需要提醒客户小心。

(4)向介绍交车的基本流程和时间要求。向客户介绍交车的基本流程和所需要的时间,引导客户在新车PDI检测表中签字,与确认客户可以进行新车环检后,携带新车交车确认表一同前往交车区进行验车和车辆功能介绍。

话术示范:

"恭喜×先生/女士喜提爱车"。

"您的爱车已经为您准备好放在交车区,今天天气比较热,您一路过来辛苦了,咱们先到休息区稍作休息喝杯冷饮,稍后带您看您的爱车。您这边请。"

交车接待

"×先生/女士,您请坐。"

"咱们今天为您准备有红茶、绿茶、柠檬水,请问您要喝点什么呢?"

"红茶,谢谢。"

"好的,请稍等。"

"×先生/女士,这是您的红茶,请慢用。"(注意上茶水的动作要领)

"×先生/女士,今天咱们的交车流程首先会和您一起环检您的爱车,并给您介绍一些车辆使用的基本功能,然后完成尾款的交付和文件的交接,接着给您介绍新车使用的注意事项,最后会给您准备一个隆重的交车仪式。整个过程大约需要1个小时。×先生/女士,您看没问题吧?"

"没问题。"

"好的。"

"这张是新车PDI检查表,车辆到店后,咱们的师傅对新车的各项功能都进行了专业检测,以确保您的车辆没有任何问题,您看一下。如果没有疑问,咱们在这里签个字。"

"好的,谢谢!这是交车确认表,咱们验车过程中可以参照这张表格来完成,请您先拿好。"

"好的,那接下来我就和您一起去检查您的爱车,您这边请"。

(二)验车及车辆功能讲解

在交车验车环节中需要销售顾问或交付专员携带交车确认表,与客户一起进行验车,这是为了让客户买得放心,让客户感受到一切都是为他精心准备的。在新车功能介绍上,销售顾问或交付专员首先需要对产品非常熟悉,而在介绍过程要根据客户的实际用车经验和客户的关注点进行有重点的介绍。过程中有些客户可能会提出很多问题,但一定要耐心解答,确保客户满意。

验车及车辆功能介绍

1.车辆外观查验

销售顾问或交付专员将客户引导至车前方,先与客户进行车辆颜色的确认,随后引导客户顺时针方向环绕汽车进行车漆漆面、颜色、车辆整洁程度等进行查验,根据客户车辆安装的实际精品情况进行介绍,让客户放心。过程中注意引导的动作和手势,并及时记录、解答客户提出的问题。

话术示范：

"×先生/女士，您请随我到交车区查验您的爱车，您这边请。"

"您看您的爱车已经做了全面的清洁，外观看上去非常干净，配上您选择的这个罗曼紫的颜色，高端大气而不失沉稳，很符合您的气质。"

"送您的贴膜我们已经请店里最好的师傅贴好了，贴膜后整车的档次也提高了不少。"

2. 车辆的内饰查验及车辆使用功能介绍

在内饰查验前车辆座椅上应保留原装的塑料膜，征得客户同意方可取下，但如果客户的内饰进行了改装，要与客户说明清楚。车辆内饰查验需要同时进行关键操作功能键的介绍，如果客户已经有用车经验，可以重点讲解该车与客户原有车辆不一样的功能键，或者根据客户的需求进行有重点的讲解。

话术示范：

"×先生/女士，您这边请，我给您介绍一下汽车的使用功能键。这款车的解锁非常的科技化，特别推出手机 NFC 车钥匙，免去您翻找车钥匙的烦恼。NFC 接口就在汽车右侧的外后视镜上，只需将提前设置好 NFC 的手机靠近外后视镜 NFC 检测处即可。当听见滴的一声后，即代表汽车解锁成功。不单是您可以用，您的家人设置后也可以使用。同时咱们车辆也配备了无钥匙进入，非常人性化。这款车采用的是一键起动，需要踩住制动踏板，再按一键打开即可。"咱们这款车与传统汽车不一样的地方是音量调节、空调温度调节等操作键采用的是滚动调节的方式，您可以体验一下。中控屏采用的是 12.5 英寸的液晶大屏，您可以点击这个触控按钮就可以按照您的习惯选择横屏模式或竖屏模式。

"×先生/女士，咱们新车的电量已经给您充满，您可以放心使用，在后续使用过程中可随用随充，不要等到电量耗尽后再充电，这样可以有效延长电池的使用寿命。"

"好的，×先生/女士您看还有什么需要我重点讲解的地方吗？"

"没有了，我已经基本上会操作了。"

"好的，您可以在使用过程中慢慢熟悉，其间有什么问题都可以随时咨询我。"

3. 随车工具查验

新能源汽车由于其车辆构造的特殊性，随车工具的配备与传统燃油汽车略有不同，主要包括：充气泵和补胎液、便携式随车充、外接电源插座、拖车勾、三角警示牌及反光背心等，在查验过程中需要逐一与客户说明清楚其用途和用法。

话术示范：

"接下来咱们到行李舱看一下随车工具。随车工具主要有三角警示牌、反光背心、充气泵、补胎液、拖车钩和随车充电器。三角警示牌和反光背心在车辆发生特殊情况需要在道路上紧急停车时使用，三角警示牌要反光面朝向来车方向，城市道路上需要放置在车后方 50 米处，高速公路上停车需要放置在 100 米处，在放置三角警示牌前您需要先穿好反光背心。充气泵和补胎液是在汽车轮胎不小心被扎钉或胎压不足的情况下应急使用，您可以连接车内的 USB 接口给车辆充气。如汽车轮胎扎钉的情况下您先不要将钉子拔出，将补胎液喷于扎钉处即可缓解漏气，但您需要将汽车尽快开至最近的维修站进行检查处理。拖车钩是在车辆需要紧急救援时用于推车使用,在咱们车辆的前保险杠左侧有一个拖车口,打开后将拖车钩装上即可拖车。这里配备有10A插头1.5千瓦的随车充电器是可以在咱们家用的插座上直接充电的,当您到了一些没有配备有充电桩的地方时就可以方便地使用。外接电源插座在您和家人外出露营时,可以用于对外放电,使用电烤炉、灯光照明等电器使用,但在使用的过程中需要注意安全以及您车辆电量剩余情况。您看还有什么需要我详细说明的吗?"

车辆查验过程应是一个完整、灵活的流程,绕车查验中外观、内饰、随车工具可以穿插进行。由于新能源汽车大多数为智能汽车,智能操作系统及相关功能相对较多,销售顾问或交付专员带领客户进行环车检查及相关功能介绍时需要耐心、详细给客户讲解清楚相关功能的使用,让客户买得放心、用得省心。

4. 引导客户回休息区并协助客户交付尾款

在新车查验结束后,需要再次将客户引导回休息区,主动为客户添加饮品。如果客户的尾款还未结清,还需要引导客户缴纳尾款。在引导客户付款时首先告知不同付款方式,通常情况下有微信、支付宝扫二维码支付,刷卡支付以及网上转账几种支付方式,但微信二维码扫码支付单笔一万元以内免手续费,超过一万收取手续费;刷储蓄卡第一笔免手续费,第二笔之后开始收30元一笔的手续费;信用卡则是每一笔都需要收取手续费,手续费为刷卡金额的千分之六;网上转账则免手续费;支付宝扫码支付免手续费。因此,可建议客户一次性刷卡或者转账、支付宝扫码支付。

销售顾问与客户说明并确认付款金额及付款方式后,引领客户至收银处,并向客户介绍收银员,收银员应祝贺客户喜提新车。销售顾问主动告知收银员客户的支付方式,收银员在收款时应唱收唱付,客户在付款时需输入密码时,销售顾问及收银员要注意回避。收银员礼貌呈递资料给客户签字,并将票据统一叠放好交给客户。

(三) 资料交接及售后服务、充电服务介绍

客户不可能和销售顾问一样熟悉购买的产品,但客户也希望购买到的新产品能够尽快上手,在使用过程中能够清楚知晓一些基本的维护知识、质保情况等,因此在交车环节中需要售后服务相关人员进行详细说明介绍。为了提升客户满意度,了解客户对销售过程的满意程度及存在问题,同时会安排对客户进行面访。而更多的人员参与到交车过程中,也可以营造交车的仪式感。

在新车使用、维护介绍环节中,新能源汽车由于其构造和动力来源的特殊性,需要销售顾问或交付专员提醒客户如何能让汽车的使用更安全、使用寿命更长,在遇到问题时如何能快速地处理。同时,在交车后即将进入售后服务的环节,客户也需要对售后服务人员有一定的认识。

1. 售后服务、车辆使用介绍

1)引荐售后服务人员

引荐售后服务人员是让客户能够感受到售前售后始终如一的专属服务。由售后服务人员进行汽车使用及维护的介绍能够体现更专业的服务。在介绍的过程中先将售后服务人员介绍给客户认识,体现客户的优先知情权。介绍时采用中位手势指向售后服务人员,眼睛看向客户(图5-8)。

引荐售后服务人员

话术示范：

销售顾问："×先生/女士,咱们的车辆完成交付后就进入了售后服务的环节,为了更好地给您提供服务,我接下来为您介绍咱们的售后服务顾问和客服专员,他们将为您介绍您新车使用注意事项及客户服务的权益。"

客户：好的。

销售顾问：×先生/女士,您好！这位是咱们的售后服务顾问小李,今后您的爱车过来做保养的时候可以联系他,稍后由他给您做新车使用、维护的注意事项。

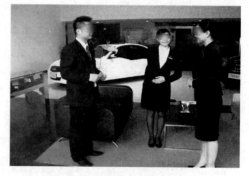

图5-8　介绍的动作规范

服务顾问小李：恭喜×先生/女士,今后我将竭诚为您服务！这是我的名片。您今后到店可以提前给我打电话,我会给您预留专属服务车位。

销售顾问：这位是咱们的客户专员小黄,稍后她将给你做一个满意度调查和做客户权益的说明。

客户专员小黄：恭喜×先生/女士,今后我将竭诚为您服务！这是我的名片。

2) 介绍新车使用及售后权益

新车使用介绍环节需要销售顾问或交付专员针对车辆使用中常见的问题进行介绍,首保内容和保养间隔也有与传统燃油汽车不一样的地方,质保和"三包"政策需要在此过程中进行重点做介绍。

话术示范：

"接下来我来给您介绍新车在使用和保养过程中的基本要求。新能源汽车也是有磨合期的,1000~1500公里磨合期内对于纯电动车型来说,如果突然加速,则会使电池内部的电流增加,从而造成对电池的损伤。因此,在磨合期中要轻加速踏板和制动踏板,瞬时耗电功率最好不要超过20千瓦。您的爱车会有一个免费的首保,首保是有期限的,为5000公里或3个月,以先到为准,届时咱们也会提前打电话给您进行预约,过来首保的时候需要带上您的保养手册。您也可以从手机应用程序上直接进行预约。如果您看到车机有提醒维护后,就可以进行预约了。在这里咱们重点给您讲解'三包'和质保的相关规定,从交车日期算起60日内或者行驶里程3000公里之内(以先到者为准),因质量问题出现转向系统失效、制动系统失效、车身开裂、燃油泄漏或者动力蓄电池起火的,咱们可以凭购车发票、三包凭证选择更换家用汽车产品或者退货。整车质保为六年或15万公里,电池电芯和三电系统为终身质保。您看还有什么不明白的地方吗？"

3) 充电介绍

为了保证新能源汽车用户在充电过程中的安全,销售顾问或交付专员在交车过程中需要结合新能汽车车型充电使用说明书,告知客户在进行车辆充电时的注意事项,以防客户进行错误操作,导致车辆电池受损。告知具体内容如下：

(1) 新能源汽车主要动力源为动力蓄电池,经常满充、满放(SOC放至15%)有利于保持动力蓄电池活性。

(2)因各地区电网环境、充电设备状态、环境温度等因素的差异,为了保证充电效率和电池安全,在充电过程中,其充电功率会有所变化。

(3)充电盒安装请联系比亚迪汽车授权服务店(如当地政府指定安装机构,按当地政府政策执行),严禁私自安装、拆解。

(4)充电盒配电需用电网单独配电,电网侧需接入断路器,输入电网应确保地线可靠连接,电网电缆尺寸须符合壁挂式充电盒使用手册中对电缆(国标铜芯线)线径的要求(3.3kW 充电盒电网电缆尺寸要求大于或等于 2.5mm^2;7kW 充电盒电网电缆尺寸要求不小于 6mm^2;40kW 充电盒电网电缆尺寸要求大于或等于 16mm^2)。

(5)严禁将国标三芯插头剥线后直接连接插座充电,禁止使用"飞线充电"的方式对车辆进行充电,否则会对电网产生影响,有起火隐患,因此而产生的财产和人身安全损失将由客户全部承担。

(6)无安装充电盒条件的客户,可使用随车的三转七充电枪(部分车型配备有,没有配备的客户需要自行购买)充电;使用时,三芯插头端与插座间须确保可靠连接,插座电源侧地线须可靠连接,插座过流能力须大于或等于 10A,严禁使用未经认证的插座。

(7)充电时:

①便携式充电枪或充电盒请远离烟火、潮湿、粉尘、可燃物及腐蚀性场所。

②禁止将充电设备及连接线放置在驾驶室内、发动机舱内、行李舱内、车底、轮胎上部。

③禁止儿童靠近充电车辆和充电盒。

④如遇火灾,在确保人身安全的情况下,请立即断开电网总开关,使用 ABC 类干粉灭火器扑灭明火,并同时使用大量的水持续对车辆进行降温。同时拨打火警电话,并联系比亚迪汽车授权服务店。

(8)温馨提醒:长期存放不使用车辆时,每三个月须对动力蓄电池进行充放电(先充电至 100%,再放电至 40%~60%(DM 车型)或 30%~40%(EV 车型)之间。否则会引起动力蓄电池过放,降低其性能,由此导致的汽车故障及损坏,将无法质保。

以上告知内容在交付过程中会形成告知客户书,由车主本人及使用人、客户经理共同在告知书上签字,确保客户已经认真阅读并知晓,告知客户书在交车完成后作为归档材料之一。

2. 销售满意度调查

销售满意度调查可以帮助企业收集客户在整个销售过程的反馈、了解客户忠诚度、深入理解客户需求和喜好,从而改进产品和服务。及时了解客户满意度有助于提升客户留存,减少客户流失。销售满意度调查主要由交付专员或客服专员在基本完成交车主要流程后开展。调查的方式主要事先设置好调查问卷,由客户填写纸质版问卷或邀请客户用手机扫码填写电子版调查问卷。填写过程中销售顾问或交付专员需要引导客户进行真实反馈信息,填写完成后务必对客户表示感谢。

话术示范:

销售顾问:"×先生/女士,您作为咱们尊贵的车主和会员,除了享受优质的售后服务外,咱们还享有车主特权。您现在可以扫码关注咱们店微信公众号,在这上面可以看到咱们店为车主量身定制的车主活动,只要您有时间都可以按照活动的要求报名参加。您也可以在上面预约服务,或者进行问题反馈,非常方便。底部还有一份满意度调查,也麻烦×先生/女士您打开,给咱们的销售服务的满意度进行打分。"

客户:"好的,已经填完了。"

销售顾问:"非常感谢×先生/女士的配合,三天内还会有厂家400开头的电话回访,不知道您什么时间方便接听电话呢?"

客户:"下午三点后吧。"

销售顾问:"好的,也希望×先生/女士能给咱们的服务一个满意的评分,谢谢!"

3. 材料交接

新车的交车材料主要包括了行驶证(如果客户自行开车上牌的该项材料则没有)、车辆登记证书(如客户采用贷款购车的,该项材料只有复印件,待客户还清贷款后拿到结清证明去车管所解押)、发票、车辆合格证复印件(原件在车管所留档备案)、交车确认函等。以上材料的交接需要逐一清点,以免遗漏。如发票等资料不能现场提供,需要与客户说明清楚。

话术示范:

销售顾问:×先生/女士,接下来我为您清点一下交车的资料,这是您的购车发票、合格证、车辆一致性证书、机动车登记证书、三包凭证、新能源汽车环保随车清单,我将这些材料都装在文件袋中,请您妥善保管好!这是车辆放行条,您稍后出门时交给门卫即可。这是新车交付确认表,您看如果没有问题了,咱们在这里签个字。

客户:好的

销售顾问:好的。交车资料我已经为您装在这个文件袋内,请您妥善保管。接下来咱们的交车还为您准备了隆重的交车仪式,请您移步交车区。您这边请!

4. 辅助客户办理牌照

客户新能源汽车购买新能源后,为提升客户的满意度,减少客户来回奔波的麻烦,可以为客户办理上牌业务,并收取一定的手续费,这也是提升汽车销售价值的重要组成部分。上牌的整个流程:提车→办理发票→保险→办理临时牌照→发票工商验证盖章→购置税免税证明→网上或现场选号→检测场验车上牌。

1)办理临时牌照

客户到4S店选定车辆后交尾款,然后在4S店内保险窗口上保险后,就可以拿着手中的所有材料去附近的交管局上临牌。由代理人代理的,还需提交代理人身份证明原件和复印件。

2)工商验证

所谓工商验证又称工商备案,是售车单位所在的当地工商局对已售新车的录入备案,为以后此车进行做好准备。如所购新车在验车上牌前没有进行工商验证的话,并不影响随后的验车上牌的工作,但此车以后不能作为交易。工商验证主要是为了车辆作为二手车出售。

3)购置税免税证明

需要的材料有身份证及复印件、车辆合格证及复印件、发票第三联、中签指标、车辆购置税纳税申报表的原件。

4)网上或现场选号牌

新购置的新能源汽车,可采取现场公安网"50 选 1",也可通过互联网平台或"交管12123"手机应用程序,按照编码规则自行编排和"50 选 1"的方式确定号牌号码。

5)验车上牌

需要的资料有身份证原件及复印件、购车指标、车辆合格证、购车发票、完税证明、原厂制作的车架拓号条及照片、其他相关资料等。

(四)交车仪式

交车仪式不单是一种形式,更是经销商对客户的重视与承诺,是客户与经销商和厂家的合同行为,但是简单的几张单据并不能让客户感受到经销商和厂家的用心以及对其在意程度。交车仪式能在更多人的见证之下保证对于客户的承诺,让客户更放心。一般交车仪式可分为客户集体交车仪式和单独交车仪式。无论是哪一种交车仪式均需要充分做好准备,提前策划好交车的基本流程,确保在交车过程中给客户惊喜的体验。

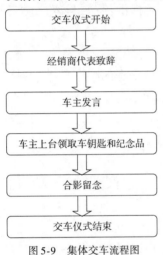

图 5-9　集体交车流程图

1. 集体交车

集体交车仪式通常是品牌或经销商在新车首批交付时制造声势和中期宣传品牌而举行,集体交车仪式也能给客户营造隆重的交车氛围。集体交车需要按照一定的流程进行(图 5-9),首先需要做好外场布置,定好与车型或与客户关爱相关的主题,提前确定参加交车仪式的客户名单,并做好礼品的准备,可以邀请当地媒体进行宣传。

2. 客户单独交车

为了给客户营造专属的服务体验,通常品牌或经销商也采用单独交车,单独交车可以根据客户的实际需求进行量身定制,更容易提升客户的满意度。交车过程中通常在室内进行,室内布置需要根据车辆的主题和客户特殊的要求进行布置,具体流程如下:

(1)待交新车的装饰,需符合客户品位、要求和当地的风俗。

(2)摄像、鲜花、礼品等事先准备妥当,若赠送鲜花、礼品,注意礼节。

(3)零售经理、展厅经理现场组织公司人员在车旁列队。

(4)全体人员与新车合影留念后,要鼓掌祝贺,并与新车车主握手致谢。

(5)交车仪式出席人员再次恭喜并感谢客户;交车仪式出席人员微笑目送客户的汽车离去,挥手道别一直到看不见客户的汽车为止。

3. 资料整理归档及回访

完成交车仪式后,汽车销售顾问要及时给客户发送交车仪式中拍摄的图片录像,给客户作为分享喜悦的资料。在客户离店后销售顾问或交付专员需要认真整理客户信息,详细填写《客户信息卡》并交给客服部,并将客户信息录入系统。

需要归档的资料根据客户提车的实际情况有所不同,主要包括收据、报价单、销售合同、客户身份证复印件、合格证、PDI 检查单、出库交接单、交车确认表、发票复印件、代提车授权书(如非车主本人提车的)、新能源告知书、满意度面访表、服务公约、三电凭证复印件、行驶证复印件等。

汽车销售顾问或交车专员预计客户到家后进行交车后两小时的回访,致电问候客户是否安全到达,车辆使用中是否有疑问,并提醒客户注意接听回访电话。

二、任务实施

(一)工作准备

(1)场景准备:模拟展厅接待场景、展车装饰、洽谈桌、收银台、交车区。

(2)人员准备:销售顾问着正装、状态准备。

(3)交车材料准备。

(4)交车过程中话术准备。

(二)实施步骤

请根据教材中的"知识准备",按照步骤完成新车交付工作内容。

(1)交车场景布置。

(2)销售顾问整理好着装,按照与客户约定交车时间提前准备好交车所需的相关材料。

(3)以饱满的热情接待客户,提供茶水服务。

(4)详细给客户讲解交车的整体流程。

(5)用正确的指引手势引导客户进行新车查验,并讲解新车相关使用功能。

(6)引导客户进行尾款交付。

(7)给客户进行新车使用、充电和售后服务权益介绍。

(8)交接材料,进行销售满意度调查。

(9)举行交车仪式并送别客户。

(10)任务完成后5S管理。

项目六　客户跟进

 任务要求

▶ **知识目标**

1. 理解未成交客户跟进的目的和要求,掌握邀约进店方法。
2. 理解线上客户销售转化及平台客户异议处理的方法。
3. 了解线下销售客户跟进的方法。
4. 了解客户满意度的含义及其影响因素。
5. 了解成交客户跟进的服务内容及意义。
6. 理解大客户跟进的目的及要求。

▶ **技能目标**

1. 能够完成未成交客户的跟进,并邀约到店。
2. 能够将线上客户进行销售转化。
3. 能够处理常见客户异议,解决客户问题。
4. 能够完成成交客户的满意度调查。
5. 能够完成成交客户跟进。
6. 能够对大客户进行跟进,并维系客户关系。

▶ **素养目标**

1. 培养良好的人际交往能力和团队合作能力,能够有效沟通和合作,尊重他人,理解和包容不同的观点。
2. 培养正确的价值观和道德观念,具备良好的品德和行为习惯,能够遵守社会规范和法律法规。

建议课时:4 学时

任务1　未成交客户跟进

任务描述

客户一直徘徊不定,不知道该选哪个品牌车型,销售顾问运用专业知识对潜在客户进行跟进,了解客户徘徊不定的原因,解答客户疑虑,并主动联系和关注客户,获取客户的真实的购买意向和购买周期,最后邀约客户促进成交。

一、知识准备

(一)线上客户销售转化

1. 客户来源

1)集客渠道

集客主要来源于两个渠道:品牌总部、商家。

(1)品牌总部。

线上:网络平台、线上投放、官方平台、总部新媒体。

线下:转介绍。

(2)商家。

线上:区域新媒体。

线下:展厅活动、区域投放、车展、转介绍、自然进店、二级经销商、商超定巡展、走进企业。

2)客户渠道的特征

(1)自然进店、二级经销商。

开发目标:吸引更多自然客流入店(图6-1、图6-2)。

获客方式:门头、广宣、名人推介、活动、二级经销商等。

特征:获客数量较少,需要更多的市场营销活动和广告投放来吸引更多的潜在客户;获客周期比较长,需要花费更多的时间和精力来吸引潜在客户,并与他们建立联系;转化率比较低,需要更好地了解目标客户,并提供更有吸引力的产品或服务来提高转化率。

(2)商超定巡展。

开发目标:获得更多客户信息、品牌推广(图6-3)。

获客方式:商场、超市、公园、社区等。

特征:获客数量较多,已采取了一些有效的市场营销策略,吸引了大量的潜在客户;获客周期比较短,能较快地吸引潜在客户,并与他们建立联系;转化率比较低,需要更好地了解目标客户,提供更有吸引力的产品或服务来提高转化率。

图6-1 下乡宣传

图6-2 活动宣传

图6-3 定期巡展

(3)转介绍。

开发目标:激发周边资源进行更多客户的转介绍(图6-4)。

获客方式:亲朋好友、行业伙伴、保客营销。

特征:获客数量较少,需要通过提升客户满意度和口碑营销活动来促进客户转介绍;获得新客户的周期较长,需要更好地了解客户的需求和纠结点,提供更好的产品或服务来缩短获客周期;客户转化率较高,产品或服务质量已经得到了客户的认可,需要继续保持、提升,以吸引更多的新客户。

图6-4 客户转介绍辐射

(4)区域新媒体。

开发目标:获得更多流量,引导粉丝种草(图6-5)。

图 6-5 区域新媒体

获客方式:企业微信号、小红书、抖音等。

特征:可以吸引到大量的潜在客户,采取的市场营销策略和广告投放取得了一定的成功,需要继续保持并不断改进;获得新客户的周期较长,需要进一步了解客户的需求,提供更好的产品或服务来缩短获客周期;转化率比较低,需要更好地了解目标客户,并提供更有吸引力的产品或服务来提高转化率,同时需要进一步提升品牌知名度和口碑,以增加客户的信任和忠诚度,提高转化率。

潜在客户虽然多,但是销售业绩却不太好,原因是没有好好地将这些潜在客户给转化过来,那么如何将这些潜在客户有效转化呢?

2. 网络客户的期望与体验

1)网络客户期望

客户期望是指客户对某一产品或服务提供者能够为自己解决问题或者提供解决问题的方案方法能力大小的预期。

客户期望分级主要有以下几种:

(1)客户满意:如当客户想要了解新能源汽车哪吒品牌时,客户可以通过哪吒官网、区域新媒体和各种手机应用程序等各个渠道找到直接并专业解答的人,并能对客户的咨询进行积极回应,那么客户享受到了这样的服务,会比较满意的。

(2)客户感动:在客户讲述购车意图时,销售顾问要认真倾听客户讲述,并能够换位思考——如果你是客户,进店希望得到什么样的服务,你能给他什么服务,同时要尊重客户的个性需求和想法。当销售顾问站在客户的角度去帮他考虑的时候,客户会觉得被理解和被认同了。

(3)客户忠诚:销售顾问在实际的服务过程中,如果能够进行详细的记录,对客户所表述的需求进行归纳,能够得到客户的需求确认。被销售顾问服务之后就认可他的服务,这种就是客户忠诚。

2)网络客户体验

客户体验表现如下:

(1)客户得不到销售顾问一个直接的答案,就会感到失望,认为销售顾问一直在回避他的问题。这就会导致客户对品牌和产品的信任度降低,这就是一种客户体验。

(2)对于超出接听电话的销售顾问能力范围的问题,需要转接其他岗位或者请客户等待,这会造成客户信任感降低。

(3)销售顾问接听电话目的性强,有催促购买或者催促进店购买的意图,这会造成客户不悦且有压力感。

3. 网络客户转化

由于每一个客户处在的购买阶段不同,所以客户所关心的问题也不同。根据网络客户诉求的不同,以时间维度和品牌熟悉程度来对网络客户进行分类,并建立了网络客户成熟度分析模型(图6-6)。

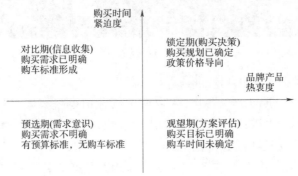

图6-6 网络客户成熟度分析模型

网络客户分类如下:

(1)预选期客户。

对于预选期的客户,其购买需求是不明确的,比如客户有预算标准,但是无购车标准,其实就是客户自己都不确定自己想要什么样的车。这一类的客户称为预选期客户。

对于这一类客户,销售顾问联系客户前重点关注信息的准备工作,比如产品、政策、二手车、金融等信息,首先要先收集、掌握这些信息,在跟客户沟通时可以降低营销压力,打造自身专业形象,强化品牌价值。

(2)对比期客户。

对比期客户,其实已经处于信息大量收集的阶段,其购买需求已明确,购车标准形成,只是在等一个更合适的时机。对于这一类客户,销售顾问要做好信息及素材的收集。把相关的竞品车型信息,如竞品的市场表现、客户口碑、故障率、二手车保值率等收集好做汇总。在与客户进行通话过程中,对于客户咨询的竞品信息,能够做及时的应对和解答。

(3)观望期客户。

观望期的客户基本上已经锁定购买车型,只是购买时间上可能还不太确定,可能是在等一个更合适的时机。对于这一类客户,销售顾问需要收集产品的政策和准备相应的购车方案,以便客户在沟通过程中提到,这样就可以给客户提供不同的方案来满足客户的不同需求,侧重于激发客户进店欲望,让客户轻松无压力,着重引导客户联想用车场景。

(4)锁定期客户。

锁定期客户基本上车型已经锁定,购买时间锁定,功能配置锁定。他们已经做好购买规划,就等着政策、价格的优惠。对于这一类客户,销售顾问在信息及素材的准备上应更侧重于目前客户权衡和纠结的关键点,目标及策略准备侧重于激发客户进店欲望。既然这一部分的客户已经锁定,销售顾问应该要考虑如何去激发客户的到店欲望,如4S店的销售方案、4S店的特定权益等都可以用来激发客户到店欲望。

> **课程思政**
>
> 情境引入:李女士受某4S店销售顾问邀约到店看车并签订购车合同,销售顾问在邀约电话中明确跟李女士承诺交3000元订金后可以享受指定的增值服务,并且有2000元的现金优惠。但是李女士到店看完车准备签合同时,却被销售顾问告知享受不了指定的增值服务及优惠,因为这个优惠是上个月的政策,目前已超过政策时间。这让李女士对销售顾问的这种行为很气愤。
>
> 案例分析:案例中的这位李女士之所以如此气愤,主要是因为这位销售顾问很明显违背了职业道德和诚信原则。销售顾问没有去了解优惠政策就随意给客户承诺,承诺后又不能实现,在违背了诚实守信的原则同时,也看得出这个销售顾问的工作严谨性差。
>
> 因此,正确的处理应该是:
>
> (1)销售顾问邀约前,应先熟悉产品的政策,根据政策范围告知邀约客户。
>
> (2)销售顾问对待工作要严谨,不可在不熟悉政策情况下,随意承诺客户。
>
> 案例总结:通过这个案例,销售顾问应该保持诚信,不应该在销售过程中夸大宣传或者虚假承诺,以获取客户的信任和合作。应该遵守职业道德和诚信原则,以客户的利益为先,提供真实、准确、完整的信息和服务。在对待客户时,要做到工作认真严谨,要做到诚实守信,不能向客户开"空头支票"。所有的交易都应该建立在客户与销售顾问双方信任的基础上。一个合格的销售顾问不仅要有恪尽职守的工作态度,更要具备诚实守信的优良品格以及培养良好的职业习惯。

(二)网络平台客户异议处理

汽车网络平台客户是指使用汽车网络平台服务的个人或企业用户,包括但不限于汽车电商平台、汽车社交媒体平台、汽车在线教育平台等。这些客户通过汽车网络平台进行汽车购买、售后服务、社交互动、汽车知识学习等活动。汽车网络平台则提供相应的技术支持和服务保障。汽车网络平台客户数量的增长和活跃度的提高,对于汽车行业的数字化转型和升级具有重要影响。同时,汽车网络平台也为汽车厂商、经销商等行业企业提供了数字化营销、客户管理、数据分析等方面的支持,促进了汽车行业的数字化转型和升级。

典型的网络平台客户异议处理方式如下:

1. 目的性过强,客户直接拒绝

话术示范:

××先生/女士,我非常理解您的心情,尤其是对于一个爱车的人来说,一辆好车是可以陪伴自己很久的。为了帮您选到最适合您的车,我邀请您来我们体验中心,我给您做个完整的介绍。

2. 听到价格政策觉得不满意

话术示范:

××先生/女士,首先感谢您关注了我们品牌的产品,尤其是您关注的××这款车,是我们品牌的代表车型,它是我们品牌品质、科技的代言,出色的性能,价格也非常实惠。您请放心。

3. 订车周期太久,不能接受

话术示范:

××先生/女士,您真的很懂车。××车型对客户吸引力很大,同级别里唯一兼顾品牌、操控、品质的精品车型。尤其是您选的配色方案,其实很多客户也都这样定,您还可以选择个性化定制,固然要等待一些时间。

4. 对销售顾问的入店邀请表示抗拒

话术示范:

××先生/女士,谢谢您很坦诚地和我描述了您的需求,我初步给您一个建议。当然,其实我想诚挚地邀请您来我们体验中心,我们一起面对面再聊聊天,希望能给您更多的建议,可以把家人带上,一起来体验一下我们特色的冬日午餐。

(三)线下销售客户跟进

1. 未成交客户跟踪前的准备工作

(1)明确客户等级和追踪频率,根据客户意向级别制定追踪计划。

客户等级是根据客户决策时间而划分的,客户决策时间长短决定了销售顾问跟踪的节奏和频率,追踪延迟了耽误商机,追踪太紧凑了招致客户厌烦。

客户追踪要有计划性和针对性,所谓计划性是指合理的追踪频率、销售顾问有序的工作安排;针对性要根据客户的需求、客户的兴趣点,谋定而后动,有的放矢。

(2)根据《意向客户跟进表》《销售服务店客户来电(店)量监控表》信息,制订跟踪对策。

①明确客户等级的时机。

a. 客户试驾后判断其意愿等级;

b. 客户重新打电话咨询时再次更新级别。

②完成意向客户级别设定,确定追踪频率(表6-1)。

意向客户级别设定及追踪频率表 表6-1

意向客户级别	判断标准	辅助判断标准	追踪频率
O级	现场订车	已交定金,但并未付全款,也未提车	视不同情况而定
H级	7d内可能订车	车型车色已选定,预算到位,付款方式明确,询问上牌保险事宜	2d 1次
A级	7~15d内可能订车	车型基本锁定在两款车之间比较,预算清晰,车色也锁定一到两种,正在进行一些价格的比较、性能的比较	3d 1次
B级	15~30d内可能订车	已谈购车条件、购车时间已确定、选定了下次商谈日期、再度来店看车、要求协助处理旧车	5d 1次
C级	31~90d以内可能订车	商谈中表露出有购车意愿、正在决定拟购车型、对选择车型犹豫不决、经判定有购车条件者	7d 1次

2. 未成交客户跟踪时的工作要点
1) 建立联系
如果客户不想当天订车,须表示理解后询问客户不能成交的真实原因,并及时说明当期活动期限及当天报价的有效期,正面解决客户问题。同时主动询问并确认客户的手机号码,添加客户的微信,并确认电话联系的时间。
2) 回访跟进
(1) 回访时间。
一般情况下,很多的销售顾问会选择一天的接待工作结束后统一打回访电话,这是不太推荐的。我们是需在客户离店2d内完成回访,但是要有技巧,要先发信息再进行电话联络。
电话回访还需要挖掘以下几个关键信息:
①客户购车计划有没有改变。
②客户有没有另外关注其他品牌或者车型。
③有没有产生新的购车影响因素。
④客户购车热情是提升还是下降了。
(2) 回访需求。主动询问客户购车意向,积极邀约客户到店。
(3) 电话跟进时要帮助客户回忆上次来店情形,建立信心。
(4) 客户主动来店(电)时,亲切询问客户近况,消除客户疑虑。
(5) 倾听客户想法,详细记录,并积极邀约客户再次到店。
客户愿意谈及交易条件,就是一种购买信号的释放,销售顾问应把握机会,积极邀请客户到店详谈,只有签订了合约才是真正有效的,任何口头承诺都不可靠。

3. 未成交客户跟踪后的总结工作
1) 及时更新《意向客户跟进表》
《意向客户跟进表》是客户管理的依据,我们获得了新的数据就必须及时更新,只有这样,我们跟踪的数据才会是最准确、最新的,对客户才能进行最好的掌握。
2) 分析客户可能遭遇到的销售瓶颈,寻求解决方案
客户在购买汽车的过程中可能会遭遇到多种销售瓶颈,如价格过高、购车流程烦琐、车型不符合需求等。针对客户遭遇销售瓶颈的情况,销售顾问要及时寻求解决方案,以提高销售效率和客户满意度。
3) 三表一卡的使用
汽车销售三表一卡是指客户信息表、意向客户跟进表、营业日报表和客户档案卡,是汽车销售过程中常用的管理工具(图6-7)。
(1) 客户信息表:记录潜在客户的基本信息,包括姓名、性别、联系方式、购车需求等。
(2) 意向客户跟进表:记录销售人员与客户进行沟通后,客户表现出购车意向的情况。销售人员可以根据客户的需求和意向,提供相应的车型和方案,促成销售。
(3) 营业日报表:主要作用是帮助4S店及时了解销售情况,及时发现和解决问题,提高销售效率和客户满意度。同时,也可以为4S店的销售数据分析和决策提供重要参考。

(4)客户档案卡:记录客户的基本信息、购车需求等。销售人员可以通过客户档案卡了解客户的购车需求,为后续的销售提供参考。

使用三表一卡可以帮助销售人员更好地管理客户信息,提高销售机会和客户满意度。同时,也可以帮助4S店进行销售数据分析和客户关系管理,为企业的销售和发展提供支持。

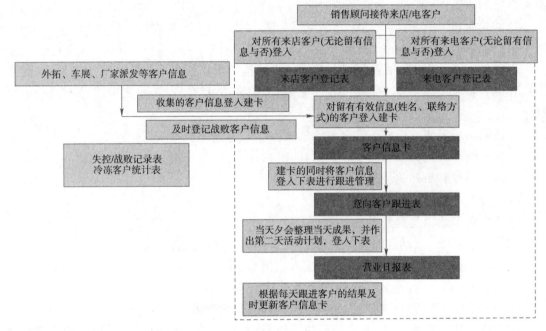

图6-7 三表一卡的使用

总结:要想将客户成功转化,销售顾问需做好以下几点:
①设定好跟进频率。
②保持良好的心态。
③利用当下活动政策。
④持续关怀客户。

不是每一通电话和微信都是要客户到店或者要客户买车的。销售顾问可以在节日活动关怀一下客户,看看客户的朋友圈,看客户近期动态。在跟客户互动时,可以根据客户朋友圈等动态,如客户今天发表了一则动态,那么就可以去点赞、评论,而且可以采用带问号的形式评论,让客户进一步回复留言,从而加深印象。

二、任务实施

(一) 工作准备

(1)场景准备:电话接听室、办公桌、车型资料、客户档案及记录工具等。
(2)人员准备:销售顾问着正装。
(3)电话礼仪准备。
(4)跟进话术准备。

(二)实施步骤

请根据教材中的"知识准备",按照步骤完成以下工作内容。

(1)完成销售顾问仪容仪表检查。

(2)完成未成交客户跟进场景布置。

(3)完成客户跟进资料准备(客户档案、需求表等)。

(4)运用标准电话务礼仪完成未成交客户跟进。

(5)正确介绍自己。

(6)主动了解客户需求和意向。

(7)积极邀约客户再次到店。

(8)根据客户回应,给出合理进店理由。

(9)跟进过程沟通顺畅,客户感觉轻松愉快,让客户愿意到店以便于开展接下来的工作。

(10)任务完成后5S管理。

任务2 成交客户跟进

任务描述

看到客户在热闹的交车仪式里把新车开开心心地提回去了,作为销售顾问的你有种如释重负的感觉。然而,交车只是开始,服务没有结束。还需要进行后期客户的跟进,不断提升客户满意度,与客户建立良好的关系,并促进客户转介绍。

一、知识准备

(一)客户满意度

1.客户满意的概念

客户满意(Customer Satisfaction)是20世纪80年代中后期出现的一种经营思想,其基本内容是:企业的整个经营活动要以客户满意度为指针,要从客户的角度、用客户的观点而不是企业自身的利益和观点来分析考虑客户的需求,尽可能全面尊重和维护客户的利益。

客户满意度是指客户对于企业或产品的满意程度。客户满意度通常通过调查问卷、反馈意见、投诉处理等方式进行评估。企业可以通过提高客户满意度来增加客户忠诚度、提高销售额、提高品牌形象等。常见的客户满意度评估指标包括产品质量、服务质量、价格、交付时间、售后服务等。

2.影响客户满意度的主要因素

客户满意度的高低对企业的发展和竞争力有着重要的影响。客户满意度评价高可以增强企业的品牌形象和市场竞争力,提高客户忠诚度和口碑传播效应;客户满意度评价低则可能导致客户流失、口碑负面传播等问题,影响企业的发展和市场地位。从企业工作的各个方面分析,影响客户满意度的因素归结为以下五个方面:

1)企业因素

企业是产品与服务的提供者,其规模、效益、形象、品牌、公众舆论等在内的外部表现都影响客户的判断。

2)产品因素

产品因素包含四个层次的内容:

(1)产品与竞争者同类产品在功能、质量、价格方面的比较。

(2)产品的消费属性,客户对高价值、耐用消费品要求比较苛刻,因此这类产品难以取得客户满意,一旦满意,客户忠诚度将会很高。

(3)产品包含服务的多少,如果产品包含服务较多,反而更难面面俱到,让客户都满意。例如售后服务、道路救援服务、车辆保险服务等。这些服务可以提高汽车产品的附加值,增强产品的竞争力,但也可能增加客户的期望值和满意度要求,从而增加企业的服务压力。

(4)产品的外观因素,像包装、运输、品位、配件等,如果产品设计得细致,有利于客户使用并体现其地位,会让客户觉得满意。

3)营销与服务体系

企业的营销与服务体系是否有效、简洁,能否为客户带来方便,售后服务时间长短,服务人员的态度、响应时间,投诉与咨询的便捷性等都会影响客户满意度。

4)沟通因素

企业与客户的良好沟通是提高客户满意度的重要因素。在很多情况下,客户对产品性能的不了解,造成使用不当,需要厂家提供咨询服务;客户因为质量、服务中存在的问题要向厂家投诉,与厂家联系。

5)客户关怀

客户关怀是企业与客户之间建立良好关系的重要手段,也是企业提高客户满意度和忠诚度的关键因素。通常客户关怀能大幅度提高客户满意度,但客户关怀不能太频繁,否则会造成客户反感,适得其反。

(二)成交客户跟进执行要点

在成交车辆后,注意维系与客户之间的关系,成交客户的跟进,是保持客户忠诚度的重要举措,也是收集客户购车信息,导入潜在客户开发的主要环节。

1.成交客户跟进的意义

成交后跟进的意义主要表现在以下几个方面:

(1)它体现了以满足客户需求为中心的现代推销观念。

客户关系维系

在现代推销观念中,客户需求是最重要的,销售人员需要了解客户的需求和偏好,为客户提供个性化的服务和解决方案,从而满足客户的需求,提高客户满意度和忠诚度。

(2)成交后跟踪使企业的经营目标和推销人员的利益最终得以实现。

具体来说,成交后跟踪可以帮助企业实现以下目标:

①提高客户满意度和忠诚度,增加再次购买的机会,从而提高销售额和市场份额。

②发现客户的需求和问题,及时解决客户的疑虑和困惑,提供更好的售后服务,从而提高品牌知名度和信誉度。

③建立良好的客户关系,促进口碑传播,吸引更多的潜在客户,从而扩大市场规模。

同时,成交后跟踪也可以帮助销售人员实现以下利益:

①建立良好的客户关系,提高客户满意度和忠诚度,增加客户信任和认可度,从而提高个人业绩和收入。

②发现客户的需求和问题,提供更好的售后服务,增加客户口碑和推荐,从而提高个人业绩和收入。

因此,汽车成交后跟踪可以实现企业的经营目标和销售人员的利益,是一种双赢的销售策略。

(3)成交后跟踪有利于提高企业的竞争力。

①通过跟踪客户的购车体验和使用情况,及时解决客户的问题和疑虑,提供优质的售后服务,提高客户满意度和忠诚度。

②通过跟踪客户的需求和偏好,提供个性化的服务和解决方案,建立良好的客户关系。可以帮助企业吸引更多的潜在客户,提高客户转化率,增加销售额和市场份额。

③通过跟踪客户的售后服务体验,及时改进和优化售后服务流程,提高售后服务水平。从而增加客户口碑和推荐,提高品牌知名度和信誉度。

(4)成交后跟踪有利于获取重要的市场信息。

①通过跟踪客户的反馈和购车行为,了解客户的需求和偏好,包括车型、配置、颜色、价格等方面的信息。可以帮助企业调整产品和服务,满足客户的需求,提高客户满意度和忠诚度。

②通过跟踪客户的购车决策过程,了解客户对竞争对手的认知和评价,包括品牌、产品、价格、服务等方面的信息。可以帮助企业了解竞争对手的优劣势,制订更有效的市场策略,提高企业的竞争力。

③通过跟踪客户的购车行为和反馈,了解市场的趋势和变化,包括消费者心理、消费习惯、产品需求等方面的信息。可以帮助企业及时调整市场策略,把握市场机会,提高企业的市场占有率。

(5)成交后跟踪有利于和客户建立起良好的合作关系。

维系好与客户的关系,它会给销售人员带来了新的交易机会。通过客户之间的口碑传递,你的服务会有广告效益,从而吸引更多的潜在客户,提高客户转化率。

2.成交客户跟进服务内容

1)提供满意的售后服务

(1)消除客户的后悔心理。汽车作为需要客户高度介入的耐用消费品,一旦过早地出现故障、维修困难、后期费用过高等现象,即使客户不满意但又无法退换,会给客户造成极大的伤害,甚至终身的悔恨。销售顾问可以通过成交后的跟踪服务及时处理问题,从而减少或打消客户的后悔念头,维护品牌和销售人员的信誉,为扩大客户群打下良好的基础。

(2)维系与客户关系。抓住客户的特殊日子,如生日或结婚周年纪念日等,给客户寄去贺卡。此外,"维护提醒""车辆托管服务""代为年检服务""违章曝光提醒服务"等也是与保持客户联系的方法。

(3)及时收集反馈信息。对于已经购车的客户,销售人员应及时收集反馈信息。

(4)提供最新的资料。维系客户的方法还包括销售人员向客户提供最新资料,这也是一项有力的售后服务。产品的资料一般包括以下两种:

①商情报道资料。有许多商品的销售资料常以报道性的文件记载。销售人员可将它作为与客户联络感情的媒介。

②商品本身的资料。汽车售出后,客户基于某些理由常常希望了解汽车本身的动态。此时,销售人员应尽快将车的升级、维修、新技术等方面的变动资料提供给客户,把使用说明及相关文件资料传递给客户参考。

(5)让客户形成组织。把现有的客户组织起来,并不断地把客户组织扩大,是一种行之有效的方法。这种客户组织化的方式常常使消费者产生对该企业或品牌的认同心理。对于汽车行业,最有效的方法是成立汽车俱乐部,汽车俱乐部成立后,需经常开展活动,如组织自驾游、相互探讨驾驶技术、开展拉力比赛等。通过活动可以与客户保持密切联系,增进客户对企业的了解,培养客户对企业的感情,从而形成良好的口碑,相互传递,进而树立企业在公众中的形象。

2)拓展客户转介绍

获得客户引荐是指从现有的客户那里得到其他潜在客户的消息或通过现有客户的介绍认识潜在客户。获得引荐的机会是以客户为中心的销售所带来的好处。当然,要想成功引荐的话,还必须遵循一定的方法。

(1)用声誉获得客户的引荐。首先,要确认自己的产品和服务能真正让客户满意。只有客户相信销售人员以及销售人员的产品和服务,才愿意把销售人员介绍给其他客户。其次,要注意方法的运用,如果方法不对,即使有良好的信誉,也未必能够获得客户的引荐。

(2)获得客户引荐的方法。在现有客户寻求帮助时,要用具体、确定、简洁的语言回答客户提出的问题,要注意避免提封闭型的问题。在客户介绍被荐人时,当然最好是能够获得客户的当面引荐,要和客户一起辨别被荐人,以确定被荐人是否能成为自己的潜在客户。

3. 持续关怀

一般来讲,从客户提车到首保前这个阶段,客户因为提车不久,既有新车的兴奋,又有对新车的使用和服务不太了解的不安,主观方面有需要和4S店沟通愿望,这个阶段客户与4S店的关系处于"蜜月期",是我们开展客户回访的最佳时期。

1)交车当天的回访

以是否安全到家、牌照办理是否顺利为理由进行回访。

2)交车后三天回访(3DC)

以询问用车感受和功能是否掌握为理由进行回访。目的:对新车车主致谢,同时解答客户在车辆使用过程中遇到的疑问,以维护客户满意度。

(1)回访准备:

①提前筛选要回访的客户名单。按照提车日期顺序整理,对于客户有明确的回访时间段的按照客户确认的时间段列入回访计划。

②熟悉客户的一些基本信息,如客户性别、年龄、性格特点等,熟悉客户选择的车型及功能特点、保修政策等,以备个性化的回访。

③整理并熟悉回访话术。

④准备回访工具,如待完善的客户信息卡、出现客户抱怨的投诉记录单等,以备回访过程使用。

(2)回访内容记录:

①回访过程中,跟客户沟通的时间、内容、回访人等,都要详细地记录在回访信息记录表中。

②更新完善客户信息卡,同步更新到经销商管理(DMS)系统中共享。

③整理、汇总客户反馈的问题,发到相应部门协调处理,按承诺客户的时间及时处理并回复客户。

④未回访完成的客户重新排入下次回访队列。

3)交车后七天回访(7DC)

由于客户的用车问题在3DC回访中基本得到解决,本次回访客户对车辆的问题一般会较少,而且刚交完车后不久,对交车日的过程基本上记忆犹新。所以本次回访主要了解客户对销售过程的感知。

(1)回访准备:提前一天筛选要回访的客户名单。其他准备与交车后三天回访准备一致。

(2)回访内容记录:与交车后三天回访记录要求一致。

4)交车后30天回访(30DC)

经过一个月左右的使用,客户对车辆的基本功能已经比较熟悉了,汽车也逐渐融入客户的生活中,形成相对固定的用车习惯,大部分客户每月行驶里程基本能稳定下来了。这时对客户的回访,除了解答客户对用车的一些疑问外,侧重了解客户的用车习惯,告知客户首次保养的重要性,并引导客户按时进厂首保。

(1)回访准备:交车后一月回访可以不用精确到每一天,30天左右开展即可,销售顾问也可根据自己时间方便每周安排一次。其他准备与交车后三天回访准备一致。

(2)回访内容记录:与交车后三天回访记录要求一致。

持续关怀可以提升客户的品牌认可度,提高转介绍率,建议销售顾问制定一个保有客户回访日程表,针对客户生日、结婚纪念日等重要节点进行回访和关怀。

话术示范:

销售顾问:李哥,您好。

客户:你好,小刘。

销售顾问:时间过得真快,您提车已经一个月了,感觉车子用着怎么样?

客户:是啊,用着挺好的,现在我女儿一放假就嚷嚷着让我开着哪吒U带她出去玩,哈哈。

销售顾问:是吗?看来李哥您的选择是绝对正确的。

客户:是啊,上个月底带家人去了趟郊外,来了个短途自驾游,真是太惬意了,哪吒U这款车给我的生活增添了不少色彩,真的谢谢你小刘,当初推荐我这款车。

销售顾问:李哥,您看您又跟我客气,听您这么说,我真的由衷替您开心。给您打电话是想提醒您注意行驶里程,5000公里或者3个月的时候记得首保,服务顾问应该跟您说过了吧?

客户:是的,提车当天的时候就叮嘱过我。

销售顾问:嗯,那您记得到时候来之前提前打个电话预约一下,或者给我打电话我帮您去预约也可以。

客户:好的,没问题。

销售顾问:好的,李哥,车用得好了多跟亲戚朋友推荐推荐,别忘了您还答应给我介绍客户呢,哈哈。

客户:没忘、没忘。我朋友试驾了一下我的车,评价挺高的。我跟我朋友约好了下周就去你店里看车,到时候多帮我朋友争取一些价格优惠。

销售顾问:放心吧李哥,记得到店直接找刘兰兰。

客户:哈哈,好的。

销售顾问:那李哥,下周见。

客户:下周见。

(三)大客户跟进

1. 大客户的定义

广义上的大客户,就是指具有占领市场,引导消费理念,并具有战略意义的客户。狭义上的大客户,就是一次或多次连续积累,大量采购,在某区域对品牌(厂方、网点)和销量有极为重要和深刻影响的客户。

2. 大客户的特征及分类

1)特征

①购买数量大、持续周期长;

②品牌忠诚度高,具有市场消费引导作用;

③企业获得长期利益的资源。

2)分类

(1)A类大客户。属于法人客户,既是购买者,又是使用者,大型企事业单位,如行业集团公司、租赁公司、旅游公司、客运公司、外资企业、私营企业、各级政府和单位等。

(2)B类大客户。B类大客户通常是指中型企业或中小型企业,其购买汽车的数量和频率相对较低,但仍然是汽车销售市场的重要组成部分。以下是一些常见的B类大客户:

①中小型企业:小型工厂、小型商店、小型餐厅等。

②个体经营者:个体户、小商贩、小摊贩等。

③服务行业:美容美发、健身房、酒店、餐饮等。

④教育机构:培训机构、幼儿园、小学、中学等。
⑤医疗机构:诊所、医院、药店等。
⑥政府部门:县级政府、乡镇政府、公共事业单位等。

3)大客户判定标准

(1)购买量:汽车大客户通常是指购买汽车数量较大的企业或个人,其购买量一般要达到一定的标准。例如,每年购买汽车数量超过10辆或总购买金额超过100万元等。

(2)购买频率:通常是指在一定时间内购买汽车的次数或频率,例如每年购买汽车的次数超过3次或每季度购买汽车的次数超过两次等。

(3)购买目的:通常是指购买汽车的目的是不是为了商业用途或个人消费,例如购买汽车用于企业运营或个人代步等。

(4)购买能力:通常是指其财务实力是否足够支撑大规模的汽车采购,例如企业资产规模、财务状况、信用等。

(5)购买渠道:通常是指其购买汽车的渠道是否是通过官方渠道或合法的渠道进行的。例如,通过正规的汽车经销商或品牌官方渠道购买汽车等。

4)成交大客户跟进

(1)成交大客户跟进目的。维持与大客户的日常联系,保持其满意度,提升大客户服务掌握率;通过大客户的推荐,促进新车销售,增加销售顾问销售业绩。

(2)成交大客户跟进的执行方法。

①建立大客户档案。②按厂家规范进行新车客户的日常维系活动。③与售后部门保持联络,设定合理的大客户跟踪频率。④同大客户关键人物建立良好的人际关系,保持长期业务联系。

(3)大客户维系和管理要点。

①优先保证大客户的货源充足。②充分调动大客户中的一切与销售相关的因素。③新产品的试销应首先在大客户之间进行。④关注大客户的一切动态,并及时给予支持或援助。⑤安排高层主管对大客户的拜访工作。⑥根据大客户不同的情况,设计促销方案。⑦征求大客户对销售人员的意见,保证渠道畅通。⑧对大客户制定适当的奖励政策。⑨保证与大客户之间信息传递得及时、准确。⑩组织每年一次的大客户座谈会。

大客户作为经销店极其重要和深刻影响的客户群,具有一次性和连续性购买的特点,对经销店的业务和发展有着较大的贡献度,但往往在大客户的销售过程中会出现一系列的问题,例如:对意向大客户缺乏项目细分、跟踪过程较为零散、需求了解不全面,跟踪时间过长也不能够促成签单,就因为大客户的销售过程管理不够细致和完善,所以我们需要加强的是:"标准、细节、过程"。

(4)跟踪服务。

①答谢:完成交车以后,在3天内要上门答谢客户,以表谢意,答谢方式根据客户的意愿而定,并相约上门培训的时间,对客户的承诺要兑现。

②回访:在7天以内要上门访问,了解车辆使用情况,询问车辆质量状况,对使用者进行使用、保养培训,上门首保。

③客户关系管理:建立客户档案;平时加强联络,对于客户每月至少联络一次;节假日、生日发短信、贺卡问候;新车优先试乘;举行大客户联谊活动;多花时间访问客户,定期回访(如派技术人员进行技术培训,上门维修保养);为对方提供客户资源和商业信息。

二、任务实施

(一)工作准备

(1)场景准备:电话接听室、办公桌、车型资料、客户档案、售后服务介绍内容及记录工具等。

(2)人员准备:销售顾问着正装。

(3)电话礼仪准备:注重礼貌和专业形象。

(4)跟进话术准备:准备一份回访脚本,包括问候语、引导问题、回答常见问题的答案等,以确保回访过程中的信息传递准确、有条理。

(5)回访内容的准备:了解客户对产品的使用情况、解决客户的问题或投诉、了解客户的满意度等,以便有针对性地进行回访。

(二)实施步骤

请根据教材中的"知识准备",按照步骤完成以下工作内容。

(1)完成销售顾问仪容仪表检查。

(2)完成成交客户跟进回访场景布置。

(3)完成成交客户跟踪回访资料准备(客户档案、售后服务内容等)。

(4)运用标准电话礼仪完成成交客户跟踪回访。

(5)正确介绍自己。

(6)根据客户回应,给出合理回访理由。

(7)完成跟踪回访过程中客户提出常见问题的解答。

(8)完成成交客户满意度调查。

(9)完成回访结果记录及客户档案完善。

任 务 工 单

项目一 新能源汽车销售岗位认知

任务1 新能源汽车发展趋势认知

新能源汽车发展趋势认知

学生姓名		班级		学号	
实训场地		学时		日期	
场景任务	完成下列调研任务： (1)新能源汽车的基本概念和发展历程调查。 (2)新能源汽车技术发展趋势调查。 (3)新能源汽车市场发展趋势调查。 (4)智能化技术在新能源汽车中的应用调查。 (5)能源结构调整对新能源汽车市场的影响调查。 (6)新能源汽车产业链的发展调查				
工作准备	场景准备：新能源汽车销售4S店、手机、固定电话、计算机(配套客户管理系统)、车型资料、纸笔等。 人员准备：销售顾问着正装				
任务要求	学生四人一组，根据查询及调研结果，总结你所在城市常见的新能源汽车发展趋势的特点及发展趋势。完成以上工作任务的资料查询，并进行口头演示汇报，对汇报人员表现进行打分				

信息收集

请阅读教材中的"知识准备"，完成以下内容。
(1)新能源汽车技术发展趋势有哪些？

(2)完成任务工单内6种任务,并结合自己的看法写出来。

（1）小组成员针对工作任务的场景背景展开讨论,并完成新能源汽车发展趋势的分析。
（2）专业教师对各小组提交的分析进行点评。
（3）各小组成员根据专业教师的评价,对新能源汽车发展趋势分析、总结进行完善,然后根据完善后的分析结论运用到今后的销售中。

根据任务工单要求,利用计算机、手机网络查询的方式完成以下工作内容。小组分工收集资料、汇总资料、完成调查报告,并进行口头汇报,由小组成员对汇报者进行评分。
（1）新能源汽车的基本概念和发展历程调查。
（2）新能源汽车技术发展趋势调查。
（3）新能源汽车市场发展趋势调查。
（4）智能化技术在新能源汽车中的应用调查。
（5）能源结构调整对新能源汽车市场的影响调查。
（6）新能源汽车产业链的发展调查。

评价

新能源汽车发展趋势认知执行标准			
序号	工作标准	配分(分)	得分(分)
1	通过互联网了解新能源汽车的基本概念和发展历程	10	
2	小组学习新能源汽车技术发展趋势,并能针对内容正确表述个人观点	10	
3	小组研究新能源汽车市场发展趋势,并能针对内容正确表述个人观点	10	
4	小组探讨智能化技术在新能源汽车中的应用,并能针对内容正确表述个人观点	10	
5	小组探讨智能化技术在新能源汽车中的应用,并能针对内容正确表述个人观点	10	
6	小组研究新能源汽车产业链的发展,并能针对内容正确表述个人观点	10	
7	讲解清晰流利、观点明确、重点突出、无错误	15	
综合素质	团队合作、分工	5	
	与组员沟通自然、大方	10	
	完成工作场景布置(固定电话、计算机、办公座椅等)。相关资料和查询工具、记录工具的准备	5	
	资料完整、工整	5	
总分		100	

任务 2　新能源汽车销售职业能力认知

学生姓名		班级		学号	
实训场地		学时		日期	
场景任务	查询资料或面访的方式完成以下工作任务： (1)新能源汽车销售模式的不同特点和优劣势。 (2)新能源汽车销售岗位职业能力				
工作准备	场景准备：新能源汽车销售4S店、手机、计算机(配套客户管理系统)、车型资料、纸笔等。 人员准备：销售顾问着正装				
任务要求	学生四人一组，到新能源汽车经销商实地调研2～3个品牌，了解销售顾问岗位要求，完成总结报告。完成以上工作任务，并对销售顾问表现打分				

信息收集

请阅读教材中的"知识准备"，完成以下内容。
(1)新能源汽车销售岗位的职业能力要求。

(2)完成任务工单内的工作任务，撰写新能源汽车销售岗位职业能力分析报告。

计划与决策

(1)小组成员针对工作任务的场景展开讨论，进行小组分工，并完成新能源汽车销售岗位知识与技能资料查询和汇报。
(2)专业教师对各小组提交的分析进行点评。
(3)各小组成员根据专业教师的评价，对新能源汽车销售岗位职业能力分析报告进行完善，并上交电子版报告书。

实施过程

根据任务工单要求，按照以下步骤完成资料查询和实地调研，并结合汇报和调研报告共同进行评分。

(1)通过教材及网络查询,完成新能源汽车销售模式的不同特点和优劣势的调研。

(2)通过教材及网络查询,完成新能源汽车销售岗位职业能力的调研。

(3)通过实地调研2~3个新能源汽车品牌经销店,完成不同新能源汽车销售岗位职业能力的调研。

(4)分析总结新能源汽车销售模式的不同特点和优劣势以及新能源汽车销售岗位职业能力的要求。

(5)撰写新能源汽车销售模式的不同特点和优劣势的调研报告。

(6)撰写新能源汽车销售岗位职业能力的调研报告。

(7)进行调研汇报。

(8)上交调研报告。

 评价

新能源汽车销售职业能力认知执行标准			
序号	工作标准	配分(分)	得分(分)
1	通过教材及网络查询,完成新能源汽车销售模式的不同特点和优劣势的调研,观点紧跟时代发展,特点鲜明、优劣势表述无明显错误	10	
2	通过教材及网络查询,完成新能源汽车销售岗位职业能力的调研,观点紧跟时代发展,职业能力要求针对岗位,观点清晰,表述无明显错误	10	
3	通过实地调研2~3个新能源汽车品牌经销店,完成不同新能源汽车销售岗位职业能力的调研,观点紧跟时代发展,职业能力要求针对岗位,观点清晰,表述无明显错误	10	
4	撰写新能源汽车销售模式的不同特点和优劣势的调研报告,报告结构完整,内容表述逻辑清晰、简洁明了,无明显错误	10	
5	撰写新能源汽车销售岗位职业能力的调研报告,报告结构完整,内容表述逻辑清晰、简洁明了,无明显错误	10	
6	汇报,并能针对内容进行正确表述个人观点,讲解清晰流利、观点明确、重点突出,无错误	10	
7	上交调研报告	20	
综合素质	团队合作、分工	5	
	汇报表现自然、大方、讲解清楚	5	
	调研方法、调研步骤正确	5	
	调研报告无错别字、完整、排版工整	5	
总分		100	

项目二 客户接待和需求分析

任务 1 客户来电接待

学生姓名		班级		学号	
实训场地		学时		日期	
场景任务	（1）客户张先生来电了解比亚迪汉车型配置信息，销售顾问接听电话，给张先生大致对比不同价格的配置差异，并邀约客户到店详细了解。 （2）客户张先生来电了解比亚迪汉车型价格优惠，销售顾问接听电话，给张先生报了一个公开的优惠价格，并邀约客户到店详细了解				
工作准备	场景准备：模拟展厅、固定电话、电脑（配套客户管理系统）、车型资料、客户来电登记表、纸笔等。 人员准备：销售顾问着正装				
任务要求	学生两人一组，分别扮演销售顾问和客户，完成以上两种场景的演练，并对销售顾问表现打分				

信息收集

请阅读教材中的"知识准备"，完成以下内容。
(1)客户来电接听的关键信息。

(2)完成任务工单内两种场景的客户接待话术。设计一些相关活动的话术邀约客户到店。

计划与决策

(1)小组成员针对工作任务的场景背景展开讨论，并完成个人的来电接待话术。
(2)专业教师对各小组提交的话术进行点评。
(3)各小组成员根据专业教师的评价，对接待话术进行完善，然后根据完善后的话术互相扮演销售顾问和客户分组练习。

实施过程

根据任务工单要求,按照以下步骤完成两个场景的来电接听练习,并由客户扮演者和组员共同进行评分。

(1)完成展厅客户接待场景布置(固定电话、电脑、办公座椅等)。

(2)完成客户接待资料准备(车型资料、来电接待登记表、纸笔等)。

(3)铃声响起三声内接听电话。

(4)正确介绍店名及自己。

(5)获取客户来电的基本信息(称呼、来电目的等)。

(6)按照客户来电内容进行正确解释。

(7)根据客户感兴趣的点(优惠、试乘试驾等)吸引客户到店。接待过程沟通顺畅,客户感觉轻松愉快。

(8)客户意向级别判定,并登记客户来电登记表,录入客户管理系统。

(9)任务完成后5S管理。

评价

客户来电接待执行标准			
序号	工作标准	配分(分)	得分(分)
1	铃声响起三声内接听电话	5	
2	正确介绍店名及自己	5	
3	获取客户来电的基本信息(称呼、来电目的等)	10	
4	按照客户来电内容进行正确解释。例如: (1)客户张先生来电了解比亚迪汉车型配置信息,给张先生大致对比不同价格的配置差异。 (2)客户张先生来电了解比亚迪汉车型价格优惠,根据车型配置报价并给张先生报了一个公开的优惠价格	30	
5	根据客户感兴趣的点(优惠、试乘试驾等)吸引客户到店	20	
综合素质	面部干净、着装整齐,无特殊气味,符合工作场景要求	5	
	表情亲切热情,接待礼仪正确。沟通自然,话术合理,主动引导用户。接待过程沟通顺畅,使客户感觉轻松愉快	10	
	完成展厅客户接待场景布置(固定电话、电脑、办公座椅等)。完成客户接待资料准备(车型资料、来电接待登记表、纸笔等)	10	
	任务完成后5S管理	5	
	总分	100	

任务2 客户来店接待

学生姓名		班级		学号	
实训场地		学时		日期	
场景任务	（1）客户张先生首次到店，销售顾问按照接待礼仪标准接待了张先生。 （2）客户张先生再次到店，销售顾问按照接待礼仪标准接待了张先生。 （3）客户张先生预约到店，销售顾问按照接待礼仪标准接待了张先生。 （4）客户张先生首次到店，想先去看车，销售顾问按照接待礼仪标准接待了张先生				
工作准备	场景准备：模拟展厅、洽谈座椅（圆桌一桌四椅）、车型资料、名片、茶水、纸笔等。 人员准备：销售顾问着正装				
任务要求	学生两人一组，分别扮演销售顾问和客户，完成以上4种场景的演练，并对销售顾问表现打分				

信息收集

请阅读教材中的"知识准备"，完成以下内容。
（1）客户接待的商务礼仪要求。

（2）完成任务工单内4种场景的客户接待话术。

计划与决策

（1）小组成员针对工作任务的场景背景展开讨论，并完成客户接待话术。
（2）专业教师对各小组提交的话术进行点评。
（3）各小组成员根据专业教师的评价，对接待话术进行完善，然后根据完善后的话术互相扮演销售顾问和客户分组练习。

根据任务工单要求，按照以下步骤完成4个场景的接待练习，并由客户扮演者和组员共同进行评分。

(1)完成展厅客户接待场景布置。
(2)完成客户接待资料准备(车型资料、名片、茶水等)。
(3)按照接待礼仪标准接待到店客户。正确介绍自己。
(4)按照客户意愿进行正确引导(至洽谈桌或展车)。
(5)获取客户到店的基本信息(称呼、到店目的等)。
(6)提供免费茶水服务。
(7)接待过程沟通顺畅,使客户感觉轻松愉快。

评价

客户来店接待执行标准			
序号	工作标准	配分(分)	得分(分)
1	在客户进到展厅门口1min内上前接待客户,主动问好	5	
2	主动了解客户到店目的(购车、办理业务、修车或找人)	10	
3	主动了解到店情况(是否首次到店,还是再次到店,有无认识的销售顾问)	10	
4	主动了解客户是否预约到店	10	
5	主动自我介绍(应报出全名并且双手递交名片)	10	
6	主动询问客户姓氏并全程尊称客户姓氏(××先生/××女士)	10	
7	主动寒暄并引导客户至洽谈桌落座,主动帮客户拉开座椅(尊重客户意愿,如客户要求先看车,则将其引导至展车处,做好服务工作,寻找恰当的时间引导客户去洽谈桌)	10	
8	主动为客户提供至少三种饮品供其选择,上茶水礼仪正确	10	
综合素质	面部干净、着装整齐,无特殊气味,符合工作场景要求	5	
	表情亲切热情、接待礼仪正确。沟通自然、话术合理,主动引导客户	5	
	场景布置和个人资料准备	5	
	破冰,建立舒适轻松的沟通氛围,流程顺畅自然,给人整体感觉比较舒服	5	
	5S管理	5	
总分		100	

任务3 需求分析

学生姓名		班级		学号	
实训场地		学时		日期	
场景任务	（1）客户张先生到店看车，目前张先生家里一辆燃油汽车供日常出行用，考虑再添置一辆电动汽车，无固定车位，预算在10万元左右，主要用于市区上下班或短途出行。 （2）客户张先生一家到店看车，第一次购车，购车用途为日常出行，偶尔长途，有停车位（可装充电桩），预算在20万元左右				
工作准备	场景准备：模拟展厅、洽谈座椅（圆桌一桌四椅）、车型资料、需求分析表、纸笔等。需求分析资料准备（车型信息表、价格表、金融政策文件、二手车置换宣传册、茶水等）。 人员准备：销售顾问着正装				
任务要求	学生两人一组，分别扮演销售顾问和客户，结合客户信息完成以上两种场景演练，未给出信息客户可以自行设计。并对销售顾问表现打分				

请阅读教材中的"知识准备"，完成以下内容。
（1）列举有助于车型推荐的需求分析的关键信息。

（2）完成任务工单内两种客户背景的需求分析话术。

计划与决策

（1）小组成员针对工作任务的场景背景展开讨论，并完成个人的需求分析话术。
（2）专业教师对各小组提交的话术进行点评。
（3）各小组成员根据专业教师的评价，对需求分析话术进行完善，然后根据完善后的话术扮演销售顾问和客户，进行分组练习。

实施过程

根据任务工单要求，按照以下步骤完成两个场景的接待练习，并由客户扮演者和组员共同进行评分。

(1)完成销售顾问仪容仪表检查。

(2)完成展厅客户需求分析场景布置。

(3)完成客户需求分析资料准备(车型信息表、价格表、金融政策文件、二手车置换宣传册、茶水等)。

(4)运用标准商务礼仪和需求分析技巧完成需求分析。获取客户的基本信息:意向车型、购车用途、预算、使用人、购买时间、上牌需求、全款或贷款、是否置换等。

(5)按照需求分析收集到的信息推荐1~2款车型。

(6)引导客户到展厅看车(体验展车或试乘试驾)。

(7)若客户需要续免费茶水能及时续杯。

(8)接待过程沟通顺畅,使客户感觉轻松愉快,让客户愿意进一步了解实车。

(9)任务完成后5S管理。

评价

需求分析执行标准

序号	工作标准	配分(分)	得分(分)
1	主动了解客户感兴趣车型	5	
2	主动了解客户看车经历	5	
3	主动了解竞品信息(竞争品牌、竞争车型等)	5	
4	主动了解客户获取本店信息的途径(便于了解是广告宣传效果,还是朋友推荐等)	5	
5	主动了解客户用车经历: (1)若客户无过往用车经历,属于首购,无须进一步询问。 (2)若客户有过往用车经历,则应进一步询问过往使用的车型及用车感受(对哪些方面使用比较满意,对哪些方面觉得不满意或者想在购新车时得到提升)	5	
6	主动了解客户新车使用场合(城市、高速公路、工地、山区等)	5	
7	主动了解客户购买新车是商务用途,还是私人用途	5	
8	主动了解客户感兴趣的配置(主动了解客户购车最看重的点/偏好,例如:外观、内饰、空间、安全、动力、操控、智能配置、舒适性、经济性等方面,引导客户表达感兴趣的配置)	5	
9	主动了解新车使用人	5	
10	主动了解客户的兴趣爱好(便于推荐匹配的配置)	5	
11	主动了解客户购车预算(适时介绍贷款业务)	5	
12	主动了解本次购车为新购、增购、换购	5	
13	主动了解客户期望的新车使用时间	5	
14	主动了解客户是否考虑置换服务	5	
15	适时提供相应的车型资料	5	
16	总结需求,推荐车型	5	

续上表

需求分析执行标准			
序号	工作标准	配分(分)	得分(分)
综合素质	着装整齐,表情亲切热情、接待礼仪正确	5	
	建立舒适轻松的沟通氛围,流程顺畅自然,给人整体感觉比较舒服,主动引导用户	5	
	适时重复客户描述,与客户确认信息收集是否正确	5	
	5S 管理	5	
总分		100	

注:以上顺序可以根据实际情况调整。

项目三 车辆展示

任务1 静态展示

学生姓名		班级		学号	
实训场地		学时		日期	
场景任务	销售顾问针对已经进行过需求分析的客户介绍汽车,根据客户关注的性能利用FABI法则向客户介绍汽车的不同配置,说明配置的好处、给客户带来的利益,并用生活化的用车场景去描述,增强客户的体验感,提升购买的欲望。同时,能用ACE竞品对比法则应对客户的异议				
工作准备	场景准备:模拟展厅、展车、车型资料、纸笔等。 人员准备:销售顾问着正装				
任务要求	学生两人一组,分别扮演销售顾问和客户,完成场景任务的演练,并对销售顾问表现打分				

信息收集

请阅读教材中的"知识准备",完成以下内容。

(1) 六方位的含义。

(2) FABI 法则的含义。

(3) ACE 法则的含义。

计划与决策

(1) 小组成员针对工作任务的场景背景展开讨论,并完成个人的新车介绍话术。

(2)专业教师对各小组提交的话术进行点评。

(3)各小组成员根据专业教师的评价,对接待话术进行完善,然后根据完善后的话术扮演销售顾问和客户,进行分组练习。

实施过程

根据任务工单要求,按照以下步骤完成新车介绍的练习,并由客户扮演者和组员共同评分。

(1)完成展厅展车布置。

(2)按照礼仪标准将客户引导到汽车旁边。

(3)利用FABI法则从车辆六个方位介绍客户关注的车辆性能。

(4)利用FABI法则应对客户的异议。

(5)邀请客户试乘试驾。

(6)介绍过程沟通顺畅,使客户感觉轻松愉快。

评价

	静态展示执行标准		
序号	工作标准	配分(分)	得分(分)
1	FABI介绍主动安全配置(主动制动、制动辅助、车道居中保持、车道保持辅助系统)	13	
2	FABI介绍被动安全配置(行人保护、气囊、车身骨架)	13	
3	FABI介绍信息安全配置(盲区监测、疲劳监测、开门预警、碰撞预警、后方碰撞预警、道路交通标识识别)	13	
4	FABI介绍舒适配置1(座椅、空调、娱乐设施、多功能转向盘、音响、无钥匙进入、外后视镜、流媒体后视镜、360倒车影像、540倒车影像、冰箱、手机无线充电、导航、隔音玻璃)	13	
5	FABI介绍舒适配置2(座椅、空调、娱乐设施、多功能转向盘、音响、无钥匙进入、外后视镜、流媒体后视镜、360倒车影像、540倒车影像、冰箱、手机无线充电、导航、隔音玻璃)	13	
6	FABI介绍操控配置(悬架、转向、制动)	13	
7	ACE法则应对客户异议	10	
8	询问客户感受,引导客户试乘试驾	6	
9	着正装、动作干脆利落专业、面部表情柔和富有亲和力、目光真诚	6	
	总分		

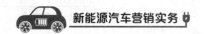

任务2 试乘试驾

学生姓名		班级		学号	
实训场地		学时		日期	
场景任务	客户张先生对于展车很满意,想试乘试驾以便深入体验汽车性能,请你带领张先生完成试乘试驾					
工作准备	场景准备:模拟展厅、试乘试驾车辆、试乘试驾协议书、试乘试驾反馈表、纸笔等。 人员准备:销售顾问着正装					
任务要求	学生两人一组,分别扮演销售顾问和客户,完成试乘试驾全流程,并对销售顾问表现打分					

信息收集

请阅读教材中的"知识准备",完成以下内容。

(1) 试乘试驾需要办理的手续。

(2) 试乘试驾时的介绍话术。

计划与决策

(1) 小组成员针对工作任务的场景背景展开讨论,并完成客户试乘试驾话术。

(2) 专业教师对各小组提交的话术进行点评。

(3) 各小组成员根据专业教师的评价,对接待话术进行完善,然后根据完善后的话术扮演销售顾问和客户,进行分组练习。

实施过程

根据任务工单要求,按照以下步骤完成客户试乘试驾的练习,并由客户扮演者和组员共同评分。

(1) 完成试乘试驾场景布置。

(2) 完成试乘试驾资料准备(试乘试驾协议书、试乘试驾调研表等)。

(3) 复印客户证件。

(4)指导客户填写试乘试驾协议书。

(5)带领客户进行试乘试驾。

(6)指导客户填写试乘试驾反馈表。

(7)接待过程沟通顺畅,使客户感觉轻松愉快,让客户愿意留店以便于开展接下来的工作。

评价

试乘试驾执行标准					
序号	工作标准				配分(分)	得分(分)
1	销售顾问主动邀请客户试乘试驾				5	
2	请客户出示驾照并解释需要复印(登记)驾照				5	
3	试乘试驾协议说明并引导客户签字				5	
4	试乘试驾之前,销售顾问解释试驾流程,先试乘再试驾				20	
	说明两条线路不同的体验点,并根据客户的需求建议选择合适的试乘试驾路线					
	解释大概需要多长时间					
	提醒客户驾驶安全以及遵守交通规则					
5	试乘试驾之前,销售顾问演示车辆的操作功能(如无钥匙进入,调节座椅、转向盘和后视镜、换挡杆、刮水器等)				5	
6	试乘试驾之前,销售顾问提醒车上所有乘客系好安全带				3	
7	客户试乘中,销售顾问引导客户体验并清晰详细地介绍汽车在经过以下路况的性能(动态卖点)				25	
	起步	启动易操作、挂挡杆操作、起步平稳、红绿灯或者坡道体验自动驻车功能				
	提速	10~60km/h提速时加速踏板响应、声音、推背感				
	转弯	40km/h过弯转向精准、转向盘沉稳、侧倾小、底盘调教				
	颠簸路面	舒适、稳定性				
	直线制动	60km/h制动停车、制动迅速灵敏、距离短、稳定性				
8	换手,提醒客户调整座椅、转向盘、后视镜到合适位置,系上安全带				4	
9	客户试驾时,销售顾问引导客户进行汽车性能的体验,正确指引路线方便客户体验,并提醒驾驶安全				15	
	起步	让客户体验汽车的安静性				
	提速	让客户体验汽车的加速性能				
	转弯	让客户体验汽车的过弯操控性				
	颠簸路面	让客户体验汽车的舒适性				
	直线制动	让客户体验车辆的制动灵敏性				

续上表

\multicolumn{4}{c}{试乘试驾执行标准}
序号	工作标准	配分(分)	得分(分)
10	试驾结束,赞美客户车技	2	
11	询问客户的试乘试驾感受(3分); 邀请客户填写试乘试驾反馈表(3分)	6	
12	试乘试驾之后,销售顾问是否促进销售	5	
	总分	100	

项目四　协商成交签订合同

任务1　新能源汽车购车方案推介

学生姓名		班级		学号	
实训场地		学时		日期	
场景任务	李先生是个体经营户,开了一辆大众朗逸到店,在购车过程中想要全款购车,平时喜欢带着家人外出游玩。请你根据李先生的情况,给他推荐相关衍生业务					
工作准备	场景准备:洽谈区桌椅准备、精品区、纸、笔。 人员准备:销售顾问着正装、状态准备。 政策准备:保险政策、延保政策、贷款政策、二手车置换政策					
任务要求	学生两人一组,分别扮演销售顾问和客户,根据场景任务完成衍生业务推荐的过程,并对销售顾问的表现评分					

信息收集

请阅读教材中的"知识准备",完成以下内容。
(1)衍生业务推荐过程中的沟通技巧和礼仪要求。

(2)完成任务工单内场景的应对话术。

计划与决策

(1)小组成员针对工作任务的场景进行讨论确定应该推荐的衍生业务,并写出相应衍生业务推荐的话术。
(2)专业教师对各小组讨论情况和话术进行点评。
(3)各小组成员根据最终点评确定话术,进行角色扮演完成分组练习。

实施过程

根据任务工单要求,按照客户的需求分别进行金融贷款业务、二手车置换业务、保险业务、精品业务、延保业务进行至少3个衍生业务的推荐,客户扮演者和组员共同评分。

(1)各小组进行衍生业务洽谈区、精品销售区的布置。
(2)提前做好衍生业务洽谈的资料准备,状态准备和工作安排。
(3)在与客户交谈过程中适时推荐符合客户需求的衍生业务。
(4)运用话术根据客户的衍生业务需求,耐心详细讲解相关业务。
(5)根据客户的异议,及时调整衍生业务方案。
(6)完成衍生业务推荐。
(7)进行场地的5S管理。

新能源汽车购车方案推介执行标准					
序号		工作标准	配分(分)	得分(分)
1	金融贷款业务(20)	(1)接待、介绍礼仪规范,指引手势正确	1	
		(2)掌握金融贷款业务推荐时机,主动提及金融贷款业务	2	
		(3)介绍过程中突出贷款购车的优势	4	
		(4)列举说明办理金融贷款业务需要提交的材料	3	
		(5)介绍金融贷款办理流程正确	2	
		(6)根据客户收入情况设计金融贷款方案	3	
		(7)明确告知客户首付款、贷款金额、月供、总利息等	3	
		(8)介绍技巧运用合理,话术逻辑性强	2	
2	二手车置换业务(20)	(1)接待、介绍礼仪规范,指引手势正确	1	
		(2)根据客户现有车辆情况,适时推荐二手车置换业务	2	
		(3)介绍过程中突出在店内进行二手车置换的优势	4	
		(4)询问客户车辆的基本情况,证照是否齐全	3	
		(5)正确列举办理二手车置换业务需要提交的材料	2	
		(6)邀请专业评估师对车辆进行评估并给出估价值	3	
		(7)积极应对客户议价并计算出购置新车需要补足的余款	3	
		(8)介绍技巧运用合理,话术逻辑性强	2	
3	精品推荐业务(20)	(1)接待、介绍礼仪规范,指引手势正确	1	
		(2)主动提及精品加装或以精品加装作为让价代价	2	
		(3)突出在店内进行精品加装的优势	4	
		(4)针对客户特点,利用精品展示区或已加装精品的车辆进行介绍	3	

续上表

新能源汽车购车方案推介执行标准					
序号		工作标准		配分(分)	得分(分)
3	精品推荐业务(20)	(5)了解客户的需求,帮助客户选择适合的精品		2	
		(6)邀请专业评估师对车辆进行评估并给出估价值		3	
		(7)积极应对客户对精品提出的问题和异议		3	
		(8)介绍技巧运用合理,话术逻辑性强		2	
4	汽车保险推荐业务(20)	(1)接待、介绍礼仪规范,指引手势正确		1	
		(2)主动提及保险或以保险购买作为让价代价		2	
		(3)突出在店内购买保险的优势		4	
		(4)对保险险种及条款进行详细介绍		3	
		(5)针对客户的需求介绍不同的保险组合方案		2	
		(6)向客户讲解投保险种、费用、保障等		3	
		(7)积极应对客户对保险购买提出的问题和异议		3	
		(8)介绍技巧运用合理,话术逻辑性强		2	
5	新车延保推荐业务(20)	(1)接待、介绍礼仪规范,指引手势正确		1	
		(2)主动提及新车延保或以延保购买作为让价代价		2	
		(3)详细介绍新车延保的作用及相关内容		4	
		(4)站在客户角度说明延保购买的好处		3	
		(5)针对客户用车情况和需求,帮助客户选择适合的延保产品		2	
		(6)说明延保的费用和保障		3	
		(7)积极应对客户对延保提出的问题和异议		3	
		(8)介绍技巧运用合理,话术逻辑性强		2	
总分			100	

任务2 价格协商

学生姓名		班级		学号	
实训场地		学时		日期	
场景任务	在与李先生沟通过程中,已经确定了购买比亚迪唐 DM-i 尊荣型,已经确定贷款购车,但对精品、保险的购买还不确定,对延保业务有较强烈的抵触情绪。购车过程中一直想要将价格谈到21万元				
工作准备	场景准备:洽谈区桌椅准备、计算器、纸、笔。 人员准备:销售顾问着正装、同事和经理的事先沟通。 材料准备:多份购车方案表				
任务要求	学生每两人一组,分别扮演销售顾问和客户,根据场景任务完成价格协商和方案制订的过程,并对销售顾问的表现进行评分				

信息收集

请阅读教材中的"知识准备",完成以下内容。
(1)价格协商过程中的沟通技巧和礼仪要求。

(2)完成任务工单内场景的应对话术。

计划与决策

(1)小组成员针对工作任务的场景进行讨论场景的应对方案,并写出价格协商的话术。
(2)专业教师对各小组讨论情况和话术进行点评。
(3)各小组成员根据最终点评确定话术,进行角色扮演完成分组练习。

实施过程

根据任务工单要求,按照客户的情况进行价格协商和最终购车方案的确定,客户扮演者和组员共同评分。
(1)各小组进行洽谈区的布置,准备好购车方案表、纸、笔、计算器等。

(2)确认客户购车目标。
(3)运用价格协商的基本原则和价格协商的技巧合理应对客户的问题。
(4)根据客户的要求及时快速地调整好方案。
(5)适时与同事、上级进行合作协商。
(6)灵活应对过程中客户提出的异议,话术自然到位。
(7)确定最终的购车方案。
(8)任务完成后进行5S管理。

评价

价格协商执行标准			
序号	工作标准	配分(分)	得分(分)
1	个人仪容仪表准备	5	
2	是否用客户的尊称来称呼客户	5	
3	是否用"您""请""谢谢"等礼貌用语	5	
4	是否在客户对价格有异议进行价值的建立,不轻易让价	10	
5	让价要有代价,让出价格时是否让客户用条件来进行交换,如买保险、精品、置换二手车、客户满意度、介绍新客户等作为交换的条件	10	
6	让价不超过三次,应越让越少,不能越让越多	10	
7	是否能正确地计算出客户购车时用现金付款所需金额	15	
8	是否能正确地计算出客户购整车时用分期付款所需现金金额	20	
9	竞品异议处理是否得当	10	
10	完成流程是否流畅	5	
11	请同事、经理协助时机是否得当	5	
总分		100	

任务3 购车合同签订

学生姓名		班级		学号	
实训场地		学时		日期	
场景任务	李先生确定最后的购车方案,最终的成交价格为21.58万元,需要贷款购车,在店内购买保险,与销售顾问协商赠送价值3000元的大礼包(脚垫、抱枕、座椅套、贴膜),李先生希望半个月内能提车,订金只想交付最少的金额				
工作准备	场景准备:合同签订区域准备、笔、收银区准备。 人员准备:销售顾问、收银员着正装。 材料准备:最终购车方案表、购车合同书				
任务要求	学生两人一组,分别扮演销售顾问和客户,根据场景任务完成合同签订的过程,并对销售顾问的表现进行评分				

信息收集

请阅读教材中的"知识准备",完成以下内容。
(1)价格签订过程中的沟通技巧和礼仪要求。

(2)完成任务工单内场景的应对要求。

计划与决策

(1)小组成员针对工作任务的场景进行讨论场景的应对方案。
(2)专业教师对各小组讨论方案进行点评。
(3)各小组成员根据最终点评确定方案,进行角色扮演完成分组练习。

实施过程

根据任务工单要求,按照客户的情况进行合同签订,客户扮演者和组员共同评分。
(1)合同签订区域准备、笔、收银区准备。
(2)准备好最终购车方案表、购车合同书。

（3）逐一向客户介绍合同内容。
（4）耐心解答客户提出的问题。
（5）清晰填写购车合同相关内容和约定条款。
（6）正确指引客户进行合同签订。
（7）合同签订完成后礼貌送别客户。
（8）任务完成后5S管理。

评价

购车合同签订执行标准			
序号	工作标准	配分(分)	得分(分)
1	个人仪容仪表准备	5	
2	用客户的尊称来称呼客户	5	
3	用"您""请""谢谢"等礼貌用语	5	
4	确认合同相关信息	5	
5	准备好最终购车方案表、购车合同书	10	
6	逐一向客户介绍合同内容,指引手势正确	15	
7	耐心解答客户提出的问题,如客户有异议需要及时更换合同	5	
8	清晰填写购车合同相关内容和约定条款	20	
9	正确指引客户进行合同签订	10	
10	引导客户进行订金的交付	10	
11	将合同、票据交予客户	5	
12	礼貌送别客户	5	
总分		100	

项目五　新车交付

任务1　新车交付准备工作

学生姓名		班级		学号	
实训场地		学时		日期	
场景任务	(1)李先生贷款购车,交车前3天销售顾问在系统中查询到客户的贷款已经通过,且客户的车辆已经到店,销售顾问打电话给客户进行邀约交车。 (2)在交车前1天销售顾问致电客户确认交车是否有变化或特殊要求,并确认到场交车人数				
工作准备	场景准备:模拟销售顾问办公室、固定电话、客户购车电子信息、纸笔等。 人员准备:销售顾问着装、状态、表情				
任务要求	学生两人一组,分别扮演销售顾问和客户,根据场景任务完成客户交车的电话邀约工作,并对销售顾问的表现进行评分				

信息收集

请阅读教材中的"知识准备",完成以下内容。
(1)电话沟通商务礼仪要求。

(2)完成任务工单内场景的电话沟通话术。

计划与决策

(1)小组成员针对工作任务的场景背景展开头脑风暴,讨论交车前需要做好哪些准备和具体工作要求。
(2)各小组进行展示,专业教师进行点评。
(3)各小组成员根据最终点评按照交车前3天电话邀约—交车前PDI检查(模拟)—资料及礼物准备—环境准备—交车前1天电话确认顺序来完成分组练习。

实施过程

根据任务工单要求,按照交车前工作进行练习,并由客户扮演者和组员共同进行评分。
(1)完成电话邀约和交车区域的场景布置。
(2)完成新车 PDI 检查表、交车材料和礼物的准备。
(3)做好拨打电话前的准备,准确掌握拨打电话的礼仪。
(4)通话过程中面带微笑、姿势端正,并做好记录。
(5)与客户确认交车具体时间,并清晰告知客户交车流程、时长和需要携带的资料。
(6)礼貌挂断电话并及时给客户发送信息。
(7)交车前一天电话确认需要确认到店参加交车仪式人数。

评价

	新车交付准备工作执行标准		
序号	工作标准	配分(分)	得分(分)
1	新车 PDI 检查表、交车材料和礼物的准备	5	
2	打电话前的状态准备	5	
3	左手持电话,右手做记录	10	
4	电话接通后自报家门,询问客户是否方便并说明来电目的	10	
5	恭喜客户并询问交车时间并确认	10	
6	向客户说明交车所需的时间及流程	15	
7	向客户说明交车所需的材料	10	
8	询问客户是否还有疑问或其他需求	5	
9	提示通话结束并礼貌挂电话	5	
10	电话过程中始终保持微笑并耐心讲解客户提出的问题	10	
11	编辑信息发送给客户	5	
12	完成交车前 1 天电话确认	10	
	总分	100	

任务2　办理新车交付手续

学生姓名		班级		学号	
实训场地		学时		日期	
场景任务	（1）李先生按照约定时间到店提车，但由于路途比较遥远，需要简化交车流程，尽快提车离店。 （2）张女士交车当天因临时有事，无法按时提车，需要另外安排提车时间。 （3）在交车过程中，刘先生发现车辆外观有一点小划痕，需要店内进行解释，并给出合理处理				
工作准备	场景准备：模拟展厅接待场景、展车装饰、洽谈桌、收银台、交车区。 人员准备：销售顾问着正装、状态准备。 材料准备：交车材料准备				
任务要求	学生两人一组，分别扮演销售顾问和客户，根据场景任务完成客户交车的过程，并对销售顾问的表现进行评分				

信息收集

请阅读教材中的"知识准备"，完成以下内容。
（1）车辆交付的整体过程及过程中商务礼仪要求。

（2）完成任务工单内场景的应对话术。

计划与决策

（1）小组成员针对工作任务的场景进行讨论，写出合理的解决方案和话术。
（2）专业教师对方案和话术进行点评。
（3）各小组成员根据最终点评确定最终方案和话术，进行角色扮演完成分组练习。

实施过程

根据任务工单要求，按照交车从接待到送别的整体流程进行演练，并由客户扮演者和组员共同进行评分。

（1）各小组进行交车场景接待、交车区、展车进行布置。

(2)提前做好接待前的资料准备、状态准备和工作安排。
(3)见到客户主动上前迎接,并恭喜客户。
(4)引导客户到休息区,并提供茶水。
(5)向客户介绍交车的流程和时长。
(6)签署PDI检查单并引导客户一同前往验车。
(7)正确引导客户进行环检及验车。
(8)过程中根据客户的需求进行有针对性的讲解。
(9)积极解决客户提出的问题。
(10)随车工具介绍要详细。
(11)向客户介绍售后服务人员,注意介绍的基本礼仪。由售后服务人员进行新车使用、维护、质保及充电安全等的说明。
(12)向客户介绍售后服务人员,注意介绍的基本礼仪。并由客服人员进行销售满意度调查和客户权益说明。
(13)积极解答客户在交车过程中提出的问题,邀请客户在交车确认表上签字。
(14)逐一清点交车材料,并统一装在文件袋中交给客户。
(15)举行交车仪式并礼貌送别客户。

 评价

办理新车交付手续执行标准			
序号	工作标准	配分(分)	得分(分)
1	交车接待前的汽车准备、资料准备	3	
2	接待前状态准备、提前恭候,主动上前迎接、握手,并恭喜客户	5	
3	引导客户到休息区,引导入座并提供茶水服务	5	
4	向客户说明交车的流程及时间安排、新车的准备情况	8	
5	引导客户签署新车PDI检查单	5	
6	询问客户是否方便进行新车环检,并引导客户至交车区进行新车环检	5	
7	使用交车确认表对汽车外观、内饰检查,详细到位,手势正确	5	
8	帮助客户打开车门,并进行安全提示	2	
9	功能介绍重点突出、详细到位,能恰当处理客户的疑问	8	
10	随车工具介绍详细,并说明使用方法	8	
11	主动询问客户的需求、引导客户回休息区	5	
12	向客户介绍售后服务人员,礼仪正确	5	
13	车辆使用、维护、质保说明详细到位	8	
14	充电介绍详细,并签署告知书	8	
15	客户满意度调查到位,权益说明清楚	5	

续上表

办理新车交付手续执行标准			
序号	工作标准	配分(分)	得分(分)
16	询问客户的其他需求,并邀请客户在交车确认表上签字	5	
17	逐一清点交车资料,将资料打包好交予客户	5	
18	引导客户参与交车仪式,并礼貌送别客户	5	
总分		100	

项目六 客户跟进

任务1 未成交客户跟进

学生姓名		班级		学号	
实训场地		学时		日期	
场景任务	潜在客户信息:刘小明,男,手机号:158××××××××,上次到店停留时间不到20min,是一名网络邀约客户,到店次数一次,欲新购一辆新能源汽车,车型关注点为续驶能力和外观,平日喜欢上网、外出旅游,对哪吒U感兴趣,有试驾意向,但上次到店当天没时间				
工作准备	场景准备:电话接听室、办公桌、车型资料、客户档案及记录工具等。 人员准备:销售顾问着正装				
任务要求	学生两人一组,分别扮演销售顾问和客户,完成以上场景的演练,并对销售顾问表现打分				

信息收集

请阅读教材中的"知识准备",完成以下内容。
(1)未成交客户跟进的工作要点。

(2)完成任务工单内场景的客户跟进话术。

计划与决策

(1)小组成员针对工作任务的场景背景展开讨论,并完成未成交客户跟进话术。
(2)专业教师对各小组提交的话术进行点评。
(3)各小组成员根据专业教师的评价,对跟进话术进行完善,然后根据完善后的话术扮演销售顾问和客户,进行分组练习。

实施过程

根据任务工单要求,按照以下步骤完成场景的跟进练习,并由客户扮演者和组员共同评分。

(1)完成未成交客户跟进场景布置。

(2)完成未成交客户跟进资料准备(客户档案、需求表等)。

(3)按照电话礼仪标准跟进未成交客户。

(4)正确介绍自己。

(5)主动了解客户需求和意向。

(6)积极邀约客户再次到店。

(7)根据客户回应,给出合理进店理由。

(8)接待过程沟通顺畅,使客户感觉轻松愉快。

评价

未成交客户跟进执行标准			
序号	工作标准	配分(分)	得分(分)
1	客户档案及记录工具是否准备齐全	10	
2	电话的准备和设置是否达到要求,符合接听电话礼仪并使用标准话术	10	
3	主动介绍公司、岗位和姓名(全称)及去电目的	10	
4	主动了解客户需求和意向,倾听客户想法,详细记录,并积极邀约客户再次到店	10	
5	能随时根据客户回应,给出合理进店理由	10	
6	主动确认到店时间节点	10	
7	能通过接话引领话题,建立良好关系	15	
8	针对客户异议运用标准话术作出解答,语言流畅自然	15	
9	有礼貌的结束语,提醒客户挂机后再挂机	10	
总分		100	

任务2　成交客户跟进

学生姓名		班级		学号	
实训场地		学时		日期	
场景任务	成交客户信息：刘小明，男，手机号：158×××××××，购买了哪吒U车型根据所学知识对客户进行交车当天、交车后7天、一个月回访3个回访场景演练				
工作准备	场景准备：电话接听室、办公桌、车型资料、客户档案、售后服务介绍内容及记录工具等。 人员准备：销售顾问着正装				
任务要求	学生两人一组，分别扮演销售顾问和客户，完成以上3个回访场景的演练，并对销售顾问表现打分				

信息收集

请阅读教材中的"知识准备"，完成以下内容。

(1) 与成交客户进行回访时的注意事项。

(2) 完成任务工单内3个回访场景的客户接待话术。

计划与决策

(1) 小组成员针对工作任务的场景背景展开讨论，并完成成交客户跟进回访话术。
(2) 专业教师对各小组提交的话术进行点评。
(3) 各小组成员根据专业教师的评价，对接待话术进行完善，然后根据完善后的话术扮演销售顾问和客户，进行分组练习。

实施过程

根据任务工单要求，按照以下步骤完成场景的跟进回访练习，并由客户扮演者和组员共同评分。

(1) 完成成交客户跟进回访场景布置。

(2)完成成交客户跟踪回访资料准备(客户档案、售后服务内容等)。

(3)运用标准电话礼仪完成成交客户跟踪回访。

(4)正确介绍自己。

(5)根据客户回应,给出合理回访理由。

(6)完成跟踪回访过程中客户提出常见问题的解答。

(7)完成成交客户满意度调查。

(8)完成回访结果记录及客户档案完善。

评价

成交客户跟进执行标准			
序号	工作标准	配分(分)	得分(分)
1	客户档案及记录工具是否准备齐全	10	
2	电话的准备和设置是否完好达到要求,符合接听电话礼仪并使用标准话术	10	
3	主动介绍公司、岗位和姓名(全称)	10	
4	能随时根据客户回应,给出合理回访理由	10	
5	销售顾问是否依规定时间回访客户,并做记录	10	
6	是否将交车仪式照片交给客户	10	
6	是否能及时收集完成保有客户的资料,并做好统计和存档工作	10	
6	是否征求客户对服务的满意度情况及不足之处	10	
6	是否能按规定做好交车后的客户回访工作,并有完整的回访记录	10	
7	有礼貌的结束语,待客户挂机后再挂机	10	
总分		100	

参考文献

[1] 杜丽娟,建茹.新能源汽车营销[M].北京:高等教育出版社,2022.
[2] 吴荣辉,李颖.新能源汽车认知与应用[M].2版.北京:机械工业出版社,2021.
[3] 周光军.汽车营销:输赢一念间[M].北京:电子工业出版社,2022.
[4] 古苗.懂心理才懂汽车销售[M].北京:机械工业出版社,2023.
[5] 张自楠.汽车推销的技巧与文书[M].北京:机械工业出版社,2021.
[6] 莫舒玥.汽车营销技术[M].北京:人民交通出版社股份有限公司,2019.
[7] 姬虹.汽车销售实务实训教程[M].北京:科学出版社,2023.
[8] 赵文德.汽车销售冠军是这样练成的[M].北京:机械工业出版社,2014.